伊藤洋典著

ハンナ・アレントと国民国家の世紀

木鐸社刊

序

ハンナ・アレント（Hannah Arendt, 1906-1975）について書かれたものは、決まって、彼女への関心はここ十年ほど異常なほど高まっているという指摘から始まる。むろん、この指摘は真実で、早くからアレント研究が盛んであったアメリカやカナダはいうにおよばず、やはり早くからアレントへの関心がみられたフランスにおいても近年さらに高いようであるし、ドイツにおいても関心の高まりがみられる。日本においても同様で、ここ数年、全体を把握するのが困難なほどの論文が著されていることは周知のとおりである。

しかし、アレント研究はなぜこのように盛んなのか。いうまでもないが、盛んとはいっても、関心のあり方には時代の問題が投影されざるを得ないし、アレント研究においても、関心の重点の置き方や解釈の仕方には時代による変化がみられることは、すでに川崎修が指摘しているとおりである。[1]「関心史」はここでは措くとして、ここ十年ほどに限定してみれば、やはり東西冷戦の終結という事態が大きな影響を与えていることは間違いないであろう。自由主義対社会主義という対立図式の崩壊は、自由主義の勝利を単純にもたらしたのではなかった。むしろグローバリズムの展開やナショナリズムないしはエスニックな意識の噴出を前にして、国民国家やデモクラシーといった、これまで依拠してきた政治の原理が根本的に問い直されているという認識をもたらしたといってよい。いうなれば、依拠しうる原理を失った、「原理なき時代」における政治とはいかなるものかという問題が突きつけられたのである。こうした状況において、「権威なき時代」における「新たなはじまり」を説くアレントの思想は格好の対象であったことは想像に難くない。

このような関心を背景としたアレント研究は、ボニー・ホーニッグやダナ・ヴィラらを中心とした、いわゆるポストモダン的アレント解釈を生み出した。これらの研究においては、「現われ（appearance）」や「アゴーン（agon）」（闘争）といった概念がアレントの思想的核心として取り上げられ、同一性に基づいた共同体やそのような共同体に結びついたアイデンティティなどといったものが批判の対象とされた[2]。このような研究はたしかに今日の思想的課題に答えるアレント像を提出したとはいえるであろう。また従来看過されてきたアレントの思想的契機を強調した点も評価されてよい。

しかし、アレントに即して考えたとき、そうした解釈にはある種の違和感を禁じ得ないのも事実である。これは本書の基本的な視点とも関連するが、アレントが「世界疎外（world alienation）」という独特の概念でもって近代以降の共通世界の喪失を問題としたり、あるいはまた「創設（foundation）」の失われた伝統を現代に蘇らせようと試みたりしたことは、彼女の政治的共同体なるものへの関心を雄弁に物語っている。アレントの思想を考えるに際しては、彼女がいかなる政治的共同体を求めていたかは、重要な論点となるはずである。にもかかわらずポストモダン的解釈ではこの点に対して十分な考察がなされているとはいい難い。むろん、彼らもアレントの政治観において共通世界の現出という契機がきわめて重要な要素であることは指摘しているのであるが、その世界の共通性を何が保障するのかといった点については、十分な説明がなされているとはいい難いのである。この点の不十分さは、政治体と実存の関係に焦点をおく、カノヴァンらのいわゆる「共和主義的」解釈においても見られる。たとえば、カノヴァンの場合、個体性や自由の契機は「複数性（plurality）」という概念に集約されるが、「複数性」を重視した「関係」とはどのような「関係」なのかという点については必ずしも明らかではない。[3]ただ、ここで共通性や関係といった契機を強調したとしても、それはただちに、アレントは近代の「世界疎外」に対抗して政治的共同体の構築を訴えたのであるということにならない。そのように解釈してしまったのではアレントの思想的核心を把握し損なうであろう。ポストモダン的解釈が指摘した「反原理主義的」アレント像はけっして根拠のないものではない。むしろ問題は、アレントの「永続的」な政治体の創設への強い関心が同時にこのような解釈を成り立たせるものであるとすると、アレントにおける「創設」への関心とはどのような論理をもっているのかという点であろう。そこで本書の基本的な視点について述べておけば、以下のようになる。

アレントが政治的共同体を求めたのは確かであるが、しかしその求め方は、共同体それ自体として求めたのではなく、いわば「公的人間」ともいうべきものの成立条件としてであった。アレントの政治が「活動」という行為によって体現されていることはよく知られているとおりであるが、その「活動」を支えるのは、政治的共同体や公的領域あるいは「世界」などといった空間である。これらの空間が「活動」を「活動」たらしめるということは、単に場所的に捉えられるべきではない。この空間こそが人間をして単なる私人や自然人と区別されて、政治的に行動する「公的人間」を成立せしめるのである。つまりあくまで人間論として議論が収斂されていくのであって、これが彼女の思想的特徴であるともいえる。この点で、ハーバーマスのように公的領域の構造やそこでの公共性の果たすべき役割を論じているのではないということに注意する必要がある。これまでのアレント論においては、公・私という領域的区別については多くが語られてきた。しかし「公的人間」とは何か、どんな人間か、という点に関しては未だ十分論じられているとはいい難いのである。本書はまさにここに着目する。

　では私人や自然人とは区別される「公的人間」とは何か。本書ではこれを「ペルソナ」という用語で捉える。アレント自身はこの用語をそれほど多く用いているわけではないが、本書では、行為においてある秩序を体現する、あるいは現出させる人間を意味するものとして捉える。詳しくは本論にゆずるが、これは、アレントがしばしばモンテスキューのいう政治体の「原理」に言及することと密接に関連している。アレントにとって「原理」とは行為と政治体の一致であるといえるが、彼女が特別の意味を込める「活動」あるいは「活動の人」とは、まさに秩序を体現した行為であり、人間なのである。これが第一の視点である。この視点によってこそ、アレントの公的領域あるいは共通世界なるものが行為において現出することが明らかになるであろう。さらに本書ではこの「ペルソナ」という概念に関連して従来その合意が十分捉えられてこなかった「距離（distance）」、「友愛（friendship）」などの概念に着目することで、アレントの根本問題、すなわち政治体への帰属と個人の自由とをどのような関連のもとに捉えるかという問題を解明したい。

　ところで、アレントの政治的共同体をめぐる議論が人間論へと収斂していくということは、逆にいえば、個体にとって政治ないしは政治的共同体が抜き差しならぬ意味をもっているということでもある。このことは、彼女の政治観からも窺える。彼女は政治を自由の実現として捉えたのであるが、この自由こそ個体にとって意味と尊厳の根本的条件であるとすれば、まさに政治こそ人間の意味と尊厳を体現するものであるということになろう。先に述べた「世界疎外」という概念からみて取れるように、アレントにとって近・現代の人間の状況はまさに共通世界の喪失と他者とのつながりを失った状況であった。彼女はこれを「見捨てられていること（Verlassenheit）」

と名づけるのであるが、この状況の対極に描き出されるのが連帯と相互の尊重を基盤とする「政治」なのである。政治においてこそ人間の意味と尊厳とが救済されることが期待されるのである。換言すれば、人間の尊厳と意味とを託すに足る政治体の追求、これこそがアレントの思想的営為の通奏低音であるといってもよい。これは政治に対する過大な期待であろうか。あるいはそうかも知れない。しかし、このような政治観の背後には、二度の世界戦争と多くの地域戦争や内戦によって政治が人間に対して極端に大きな意味をもった二十世紀という時代が色濃く反映しているとみることができるのではないか。換言すれば、アレントのこうした政治観には、国民国家の時代というべき二十世紀の刻印がまぎれもなくみて取れるのではないかということである。これが本書の第二の視点である。

このような二つの視点からアレントの思想を読み解くことが本書の目的であるが、その試みを通じて思想における二十世紀像を何がしか把握できないかという、いささか過大な思いもないわけではない。ともあれ、右記のような視点に立って、全体は次のように構成される。まず、第一章でアレントの「疎外」という現象への関心の成立を探り、第二章でその関心から出発したアレントがいかなる共同体（共和国）を求めたかを検討する。続いて第三章で、アレントの共和国の内実をなす共同性のあり方をハイデガーとの関係のもとに探り、同時に彼女の「はじまり」の論理を『精神の生活』に即して明確にする。最後に第四章で、アイデンティティの問題を正面から取り上げることによって、アレントの個の自由と共同性がどのような論理によって結合しているかを明らかにし、それによって彼女の政治思想が究極的には「友愛（情）」という思想を核心としていることを明らかにしたい。

注

（1）川崎修「ハンナ・アレントを導入する」『現代思想』一九九七年七月号。
（2）アレントのポストモダン的解釈については小野紀明『二十世紀の政治思想』岩波書店、一九九七年が詳しく紹介、論評している。
（3）Canovan, M., *Hannah Arendt: A Reinterpretation of Her Political Thought*, Cambridge University Press, New York 1992, ex. p. 224.

目次

凡例

本書では引用頻度の高いアレントの著作は以下のとおり略号で示している。

BPF　*Between Past and Future: Six Exercises in Political Thought,* Meridian Books, The World Company, Cleveland and New York, 1963（引田隆也・斉藤純一訳『過去と未来の間』みすず書房，1994年）.

BW　*Hannah Arendt / Karl Jaspers : Briefwechsel 1926-1969,* Herausgegeben von Lotte Kohler und Hans Saner, Piper, München 1985.

CR　*Crises of Republic,* Harcourt Brace Javanovich, New York, 1972（高野フミ訳『暴力について』みすず書房，1973年）.

EJ　*Eichmann in Jerusalem,* Penguin Books USA Inc., New York 1976（大久保和郎訳『イェルサレムのアイヒマン』みすず書房，1969年）.

EU　*Essays in Understanding 1930-1954 : Uncollected and Unpublished Works by Hannah Arendt,* edited by Jerome Kohn, Hercourt Brace and Company, New York, 1994.

EUTH　*Elemente und Ursprunge totaler Herrschaft,* Piper GmbH und Co. KG, München 1986（大久保和郎，大島通義，大島かおり訳『全体主義の起原』1－3，みすず書房，1986年）.

HC　*The Human Condition,* The University of Chicago Press, Chicago 1958（志水速雄訳『人間の条件』中央公論社，1973年）.

JP　*The Jew as Pariah: Jewish Identity and Politics in the Modern Age,* edited and with an introduction by Feldman, R. H., Grove Press, INC., New York 1978（寺島俊穂・藤原隆裕宜訳『パーリアとしてのユダヤ人』未来社，1989年）.

LM　*The Life of the Mind,* Harcourt Brace Jovanovich, New York,1978, LM I : Thinking, LM II : Willing（『精神の生活』佐藤和夫訳，上，下巻，岩波書店，1994年）.

MDT　*Men in Dark Time,* A Harvest Book, Harcourt Brace and Company, New York 1995 (first edition 1955)（阿部斉訳『暗い時代の人々』河出書房新社，1986年）.

OR　*On Revolution,* Penguin Books USA Inc., New York, 1986（志水速雄訳『革命について』，筑摩書房，1995年）.

OT　上記，EUTHの英語版

ハンナ・アレントと国民国家の世紀

第一章　ハンナ・アレントにおける「疎外」論の構造

はじめに

アレントの政治思想は、疎外、とくに彼女が「世界疎外 world alienation 」と呼ぶ近代人の状況をめぐる考察と、それに対する応答の試みを主要な内容としている。むろん、全体主義という時代経験がアレントをして政治思想家たらしめたことは周知のとおりであるが、彼女の思想的特徴は、この全体主義の根底に「世界疎外」という近代以降の問題を見据えていたことである。「世界疎外」という言葉は、彼女の思想のキー・ワードとしてこれからたびたび触れることになるが、さしあたり、近代の「主観化」の亢進の結果、他者とのつながりを失った個々人が「見捨てられている状態（Verlassenhaeit）」に置かれることを指す、としておく。この「世界疎外」の病理のもっともドラスティックな現われが全体主義にほかならなかったのである。そこで本書はまず、アレントにおける「疎外」への関心がどのような形で展開されているかを論じていくことにする。

しかし、アレントの思想を「疎外」とその克服という論理で読むことには多少の留保が必要である。「疎外」とその克服という論理では、アレントの政治思想は、疎外された個人を救済する共同体の創設を主要な目的としていることになるが、そしてこれはある程度は妥当なアレント解読でもあるが、しかし他方で、彼女の政治思想が「自由」なるものをその核心においてもっていることもまた周知のとおりである。その場合、共同体の創設と自由とはいかにつながるのか。共同体の構成員となることによって疎外を克服するという論理は自由を損なわないのか、損なわないとすれば、それはいかなる論理か、といった問題に答える必要があるからである。この問いへの答えは、むろん、本書全体を通してアレントのなかに探っていくことになるが、本章ではまず手掛かりとして「疎外」の克服という論理において何が問題となるのかを、ケイティブとヴィラという二人のアレント論から確認しておきたい。その上で、アレントの「疎外」論の論理をみていこう。この二人を取り上げるのは、アレントの議論を疎外の克服として読むケイティブに対して、近年ヴィラが批判的見解を出しており、議論の焦点を確認しやすいからである。まずケイティブによるアレント像とヴィラによるアレント像を「疎外」という論点に絞って、その対比を簡明に紹介しよう。

ケイティブはその古典的アレント研究においてアレントの政治思想の特徴の一つを彼女の近代批判において見出し、彼女のいう「故郷喪失（homelessness）」としての世界疎外と地球疎外に注目している。[1]ケイティブの捉える「世界疎外」とは、経済のグローバル化に伴う集団的差異の消滅である。「事実アレントは世界疎外の核心を集団的差異の喪失として定義している。その集団的差異の喪失は個的自我と他のあらゆるものの媒介の喪失であるだけでなく、自我を構成しその活力を得ることを助ける要因の喪失なのである。[2]」したがって「世界疎外」とは、集団性を失い人間が一者へと還元されることを意味する。[3] 逆に集団性をもつことをケイティブは「世界に安らうこと（at home in the world）」であるとし、次のようにいう。

「アレントは、われわれは世界と地球に安らって存在すべきであり、人間のアイデンティティはそのことに依拠しているという観念に対して宗教的といえる程の傾倒を示している。[4]」

疎外とは自我の基盤となる集団の喪失なのである。逆にいうと、世界とは「一つの場所に固定され、世代を超えて存続している集団の共通の生活を意味する[5]」ことになる。「地球疎外」についてもケイティブは、アレントのいわゆる「工作人」的態度、つまり自然界を支配する主体としての人間というあり方が、人間と世界の分裂という疎外をもたらしているという点を強調し、この疎外を克服するのは、世界を「受容」する態度であるとアレントは考えている、と捉えている。[6]

アレントの議論をこのように捉えれば、後にヴィラが批判するように、一種の共同体主義的なアレント像へとつながってこよう。もっともケイティブは、個人と世界の紐帯といっても、個人の集団への埋没という捉え方をしているわけではない。[7] しかし基本的な視点としては、右に述べたような世界疎外をもたらした近代に対する反近代主義者としてアレントを位置づける。

他方、ヴィラはアレントの世界疎外と地球疎外をともに近代における人間の主観化として捉え、世界の「世界像」化（ハイデガー）に疎外の本質を見出している。つまり人間は世界の外側に立ち、世界に対する征服的支配者となるという「工作人」の世界こそ近代であり、疎外の世界なのである。この「世界像の時代」にあっては、世界には人間のためのいかなる場所もない。ヴィラによるとこれがアレントのいう「世界疎外」である。[8] そうするとアレントはこの「世界疎外」を克服すべく、世界との和解を求めたのであろうか。ケイティブの解釈は、世界との和解のための集団的アイデンティティの回復を強調するのであるが、ヴィラはこうした解釈は取らず、むしろアレントの求めた「家郷」の人工的・劇場的性格を強調する。[9] アレントの世界性は劇場的なものであって、共同体の探求を超えるものであるというのである。アレントの求めた「世界に安らうこと」というのは、パフォーマティヴな「活動」や公平な判断を可能にするある種の「疎遠さ」とともに世界にあることをいうのであり、アレントはむしろ「穏健な疎外を求めたのである」とヴィラはいう。[10] そもそも「世界的」であること自体がアレント的な意味では「疎外の様式」なのであるというのである。その上でヴィラは、問題は疎外の克服ではなく、「真の」自我という偏見を超えることであり、[11] また「機能化された行動」に抗する能力をもつことであると主張する。[12] 従来からアレントの政治思想を反目的論的・反共同体的政治観として解釈し、アレントの「活動」をパフォーマティヴな相互行為として捉えるとともに、そうした行為が現われる場を単一の公的領域に限定することを批判してきたヴィラは、ここでも結論として、単一の公的領域があるという想定、および単一の公的領域の形成を疎外の克服とするアレント解釈を批判する。そうすることでアレントの議論を疎外の克服としての共同体の探求という文脈からはずそうとするのである。

ヴィラの見解については、後述するように、たとえばアレントが「疎外」について、積極的・肯定的な意味で言及している個所があるのかといった、用語的な疑問もないではないが、しかしそこには重要な指摘が含まれているといってよい。単一の公的領域をアレントが想定していたかいなかったかは議論が分かれるとしても、少なくとも疎外の反対としての共同体の探求という安易な論理にアレントの議論を集約することは適切ではないであろう[13]。ヴィラの指摘において重要な点は――この点はケイティブも認めているところであるが――、「世界的」であることを「距離を保つこと（estrangement）」であるとし、アレントの議論を前近代的コミュニティへの回帰としてではなく、あくまで個体の自由の確保として読みとっていることである。アレントに即していえば、個体的ユニークさの表現としての「活動」を政治の中心にもってくるアレントの周知の特徴はいうまでもなく、さらに、彼女の「成り上がり」と「パーリア」との対比にみられるような、同化圧力をもった「社会」への抵抗の論理などがただちに想起されよう。ヴィラのいうように、「世界」において安らうというのは、ある種の「距離感」をもって安らうことであるといってよいであろう。しかし他方で、アレントは個体の個体性が発現する条件として、また「諸権利をもつ権利」（『全体主義の起源』）として何らかの共同体への帰属を重要視していたことも事実なのである。その意味でケイティブもまたアレント思想の一面をたしかに捉えているといえる。つまりケイティブの強調する契機とヴィラの強調する契機、すなわち共同体へ帰属することと個体の自由の確保、あるいは「始める」能力としての「活動」の強調、アレントの思想にはこれらの諸契機が不可分なものとして含まれているのである。

しかしそうすると、このような共同体への帰属とそこからの離脱とが同時に可能であるような存在様式とはいかなるものとしてアレントは考えていたか、が問われるであろう。ヴィラが指摘するように、ここでアレントの思想を読み解くキー・ワードは「距離」であろう。「距離」を保ちつつ「世界」にあるとはいかなるあり方かという問題である。アレントは近代的個人について、次のような言葉を残している。

「（近代的個人は―伊藤）世界から疎外され、顔を突き合わせるくらい私的で親密な関係においてしか自分をさらけ出すことができない(14)」

彼女のこの言葉からは、「世界から疎外されていること」と「親密さ」とが同義で用いられていることがわかる。「世界疎外」は「親密さ」、つまり「距離」の喪失なのである。逆にいえば、「距離」とはむしろ「世界疎外」の克服なのである。では「距離」の喪失とは何か。そして疎外の問題を「世界疎外」と表現するアレントの「疎外」論の理論的特徴とはいかなるものか。こうした問題を念頭においてアレントの「疎外」に対する関係を検討していこう。

注

(1) Kateb, G., *Hannah Arendt : Politics, Consience, Evil*, Rowman and Allanheld Publishers, 1983, pp. 157ff.
(2) Ibid., p. 159.
(3) Ibid., p. 160.
(4) Ibid., p. 158.
(5) Ibid., pp. 159-160.
(6) Ibid., p. 164.
(7) Ibid., p. 182.
(8) Villa,D., "Hannah Arendt : Modernity, Alienation, and Critique," in *Hannah Arendt and the Meaning of Politics*, Craig Calhoun and John McGowan, eds., University of Minesota Press, Mineapolis, London, 1997, pp. 183-184.
(9) Ibid., pp. 187-188.
(10) Ibid., p. 188.

（11）Ibid., p. 190.
（12）Ibid., p. 200.
（13）カノヴァンも同様の指摘をしている。See, Canovan, M., "Hannah Arendt as a Conservative Thinker," in *Hannah Arendt : Twenty Years Later*, edited by Larry May and Jerome Kohn, The MIT Press, Cambridge, Massachussets, London, England, 1997.
（14）MDT, p. 24（邦訳、三六頁）.

第一節　アレントにおける「疎外」への関心

1　「世界に安らわないこと」への関心

アレントは「活動」について「一般に受け入れられていることを打ち破り、異常なものに到達する」[1]ことであるとし、そのような「活動」によって「存在するもの一切がユニークで唯一のもの」として、言い換えると「日常の真実」の正反対のものとして現われると述べている。この場合、一見して「日常」と「異常さ」という「脱日常」の二つの次元が対比されている。この対比は、「日常」において喪失された個体のユニークさ、出来事の「偉大さ」が「脱日常」において現われるということであるが、同時にこの「脱日常」の「偉大さ」は、万人に見聞きされる公的光のもとに現われる事柄であるともされており、「日常」と「脱日常」の対比は、「私的」・「公的」という対比とも無関係ではないことになる。このような対比において「日常」あるいは「私的」こそアレントのいう「世界疎外」という事態を表現している。「日常」や「私的」という言葉と同じ範疇に入れられる「世界疎外」は、ケイティブやヴィラがいうように、同時にアレントの近代批判をもっとも鋭く表わしている。そこで近代批判としての「世界疎外」について多少詳しくみておこう。

すでに述べたように、「世界疎外」とは人間の主観化において顕わになる事態である。この主観化という問題状況については、後述するように、とくに『人間の条件』などの作品において中心的なテーマとして展開されるが、アレントは当初から主観化としての近代批判に関心をもっていたわけではない。大きく捉えれば、アレントの議論は若年期から疎外の問題に関心を寄せていたとはいえるが、若年期のアレントの関心はどちらかといえば、漠とした不安、世界のなかで安らえないという近代的不安にあるといってもよい。世界における不安と世界超越的なものの希求という論理への関心がしばしばみられるのである。そのような関心はやがて世界内での不安の克服、すなわち故郷としての世界という思想へと結実してくるであろう。そこで、アレントの関心の変遷を若年期のアレントの著作のいくつかを通して概観しておくことにする。

アレントは、しばしばハイデガーの強い影響が指摘されるその学位論文『アウグスティヌスにおける愛の概念』において、アウグスティヌスの愛概念を熱望としての愛、神への愛、隣人への愛という三つの位相のもとに分析しているのであるが、そのなかで、アレントは世界へ向かう愛（dilectio mundi）と世界を超える愛との相克について論じており、それに対応してアウグスティヌスには、二重の世界概念、つまり世界愛に先立つ神の創造になる世界――天と地（coelum et terra）――とそこに住み愛することによって構成される人間の世界という世界概念とがあるとしている。[2] この二重性はアウグスティヌスのなかのキリスト教的要素とローマ的要素とを反映したものともいえるが、アレントによれば、この二つは次のような関連をもっている。すなわち「我々の意志によって生じる事柄（nostra voluntate geri）によって世界は天と地から第二の意味となる。[3]」言い換えれば「我々の意志によって生じる事柄は世界によって導かれており、これによって第一の意味での世界、すなわち神の制作物は人間にとっての自明の故郷となる。[4]」このような世界と人間の関連づけは後年のアレントの議論を彷彿とさせるといってもよい。ここでアレントは、神の愛に死すべき人間の救済を求めるアウグスティヌスに対して、むしろ隣人愛こそ最も基本的な愛であるとした位置づけをなそうとするのである。神への愛の一契機としてではない隣人愛の強調である。[5] 彼女のアウグスティヌス解釈の当否はここでは論評できないが、[6] 確認しておきたいのは、アレントにおける世界とそれを超越するものへの視点である。

後年のアレントに多少引き付けていえば、いかにして世界を人間の故郷とするかという問題が、この学位論文に萌芽的に現われているともいえるが、この問題関心が明瞭になるのは後の著作においてである。このころのアレントにおいては、たとえば学位論文出版の翌年（一九三〇年）に、最初の夫ギュンター・シュテルンとともに執筆したリルケの『ドゥイノの悲歌』についての評論においても、世界と世界超越的なものの相剋という視点をみることができる。この評論でアレント（たち）は、リルケのこの詩を「確かに宗教的に規定されているが、けっして宗教的な文書ではない」[7] とし、宗教的起源と世界内的表現の二重の意味を見出している。それはリルケがここで表現している愛が、見捨てられている者の愛であるということに現われている。人は世界のなかに安らうこともできず、また神からも見捨てられている。人間はそのとき、世界を越えた「別の連関（andern Bezug）」を求め、他方、世界にあっては「世界疎外（Weltfremdheit）」を経験することになる。アレントはこの「別の連関」と「世界疎外」のはざまに漂う人間の姿を、リルケの謳う愛のなかに読みとるのである。リルケ自身は、この世の移ろい易さから逃れて、永遠の「別の連関」への愛において生きることを謳っているとアレントはみているが、彼女はこのことを否定したり、世界に留まることを主張したりしているわけではない。したがって、アレントがここで言及している「見捨てられている者」とか「世界疎外」などの概念を後年の意味にそのまま取るのは、いささか後知恵的であるといわざるを得ないが、少なくとも、世界に安住できない人間が自らの故郷を求める様へのアレントの関心をくみ取ることはできよう。こうしたいわば「不安」への問題関心は、キェルケゴール論にもみられるように、アレントをして実存の問題へと目を向かわせている。[8]

しかし、ヤング・ブリュールも指摘するように、[9]学位論文やリルケ論における、世界と世界超越的なものの二重性のうちにある人間という視点はやがて姿を消し、世界内在的な人間という視点が獲得されていく。いうまでもなく、ユダヤ人として戦争と迫害を経験したことなど、時代的背景が強く作用していると考えることができようが、このような視点が明確に、人々がともに住まう世界のあり方、故郷としての世界の可能性の追求という問題として表現されるのは、戦後の「実存主義とは何か」という今日広く知られた論文であろう。

この論文は、ドイツの実存哲学の流れを検討しつつ、その問題性と可能性とを探ることを目的としているのであるが、そのなかで彼女は実存哲学に対して、その独我論を乗り越えるべく対決を企てているとみてよい。ここでアレントは実存哲学を近代の世界疎外を基盤として出てきた哲学で、世界内における人間のリアリティを回復することを目指すものであるという。いってみれば、「ニーチェの運命への愛、ハイデガーの決意性、アルベール・カミュの反抗は、世界のうちで人間の故郷喪失に根をもつ人間の条件の不条理に、生を賭して抗しようとするもの」[10]であり、その哲学は個体のリアリティを掴むことに腐心する。そしてつまるところ、「個体化の原理を保障する死」、「リアリティをたんに所与のものとして保障する偶然」、「人間のあらゆる行為のカテゴリーとしての罪」を特徴としてもつに至った。なかでもハイデガーの哲学は「世界内存在」と本来的自己の鋭い対立ゆえに、結局、絶対的エゴイズムをその本質としてもつに至った。対照的にヤスパースのいう実存は、人間の自発性に基づく自由に関連しており、他者の自由を求める限りでリアリティをもちうる。つまりヤスパースの実存はリアリティの重みに直面して自らをそのなかに挿入し、そして人間がそのなかに帰属しうるという仕方でのみ、実存はリアリティに帰属するということ、これを本質的特徴としてもつことによって、この哲学は独我論を越えていく。これがアレントの主著の概略である。

この論文のなかで、アレントはヤスパースの実存の自由と世界への帰属との結合、そして他者とのコミュニケーションを高く評価する。このヤスパース評価に関連して次のアレントの言葉は、ここでの文脈からして注意しておきたい。

「(ヤスパースの哲学は存在の認識を放棄することによって) 古来からの存在論の探求そのものが一掃される。つまり存在するもののうちに存在を求めるような探求、いわば存在するすべてのものをあらしめ、用語上は小文字の『である』として現われるような、一切のもののうちに浸透する魔法のごとき実体を求める探求が一掃されるのである。……(そのことによって) 存在をただ一つの原理から、すなわちこのような一切のうちに浸透する実体から、一元的に説明しなければならないという必然性は消え去る。……そして世界のうちでの疎外という近代の感情が考慮されうるようになり、それとともに、もはや故郷ではないような世界の内部に故郷でありうるような人間の世界を創造しようとする近代の意志も考慮されうるようになる。[11]」

ここで明瞭に語られているように、「もはや故郷ではないような世界」に「人間の世界」を創造することがアレントの問題意識として確立される。この問題意識は基本的には終生変わらずアレントの思惟を導いたといってもよい。この場合、「人間の世界」なるものが、超人間的な秘密めいた一元的な原理によって構成される世界、あるいは、彼女のカフカ論にみられるような、必然性の衣を纏い、人間の自由を排除する力としての世界の対極にあるものであることは容易に察することができよう。人間の自由によって自らの世界を創造すること、これがアレントの政治思想の核心として形成されるのである。

こうしたことを踏まえて、アレントの近代批判に議論を戻すと、アレントは、人間が世界とつながりを失ったことによって、他者との有意なつながりを失っただけでなく、世界が人間の手を離れた、一種の必然の力として現われるようになったこと、ここに近代の問題を探ろうとするのである。これが近代の病理としての主観化という事態であり、「世界疎外」であるといってよい。これは先にヴィラの見解を紹介する折に触れた、ハイデガー的意味での「世界像の時代」ともいうべき近代像であるともいえよう。失われたのは、故郷としての世界であり、その世界を支える人間の自由である。この主観化を軸として彼女の近代批判および疎外論は展開されるのである。以下、アレントの近代批判を主観化を軸として整理してみよう。

2　主観化としての近代への批判——自我の基盤としての世界

アレントの議論において主観性とは、「世界について配慮したり、世界を享受したり[12]」することなく、また客観的リアリティなるものももちえずに、もっぱら自我に関心を集中させる「近代人」の特徴として描かれるが、この「世界への配慮」を喪失した状態は、つまるところ「生命」の至上化において頂点に達するとされる。ここで主観と客観の分裂、あるいは主体と客体の分裂といった、通常「近代」の特徴とされる事柄と「生命」の至上化といった事柄が連続的に語られることには違和感もあるかもしれない。主観ないしは主体を強調することは、そのまま「生命」を強調することにはならないからである。ただ、アレントの主張のポイントは、この自我への関心は、むしろ世界の確かさ、永続性への信頼が失われた結果であるとされ、その反面において確かさを得たのは、キリスト教の教えるところの「生命」にほかならないという点である。言い換えると、世界ではなく生命こそ不死なるものと考えることによって、生命が最高善の位置へ押し上げられたということである。[13]
アレントのいうところにしたがえば、価値の中心の変化はさらに進み、キリスト教的個体の生命から種の生命へと価値の重点が移動した。「近代になって、世俗化の過程がすすみ、デカルト的懐疑が必然的に信仰を奪ったため、個体の生命は、もはや不死ではなくなり、少なくとも、不死の確かさを失った。[14]」アレントによれば、個体の生命の不死が確かさを失うと、代わって登場したのは、「種としてのヒトの永遠の生命過程であった。[15]」古代においては不死であったものは政治体であったのに対して、近代以降は生命が、それも種としての生命が不死性を得て、最高善となったというのである。

こうしてアレントのいう「世界疎外」という概念には、自我への関心が中心となった人間観と種としての生命への関心が中心となった人間観とがともに含まれることになる。この「世界疎外」をアレントが自らの政治観のモデルとして言及する古典古代と並べてみると、図式化すれば、政治体の不死への関心が自我への関心へ移り、さらにそれが種の生命への関心へと帰着してしまったという人間観の変化をみることができる。この場合、アレントにおいてもっとも大きな枠組みで対比されているのは、古代における政治体の不死性への関心と近代以降における種の生命の不死性への関心である。この対比の意味するところは、人が自らを世界へ定位させる感覚とされる「共通感覚（common sense）」の有無という観点からみれば一層明瞭になる。すなわちこの対比は、共通世界へ定位した人間と共通世界をもちえない人間との対比なのである。先に人間の主観化を「世界についての配慮」がない状態と述べたが、共通世界へ定位するということは、世界へ配慮するということであり、これはさらにいえば、個人なるものが世界への配慮によって成り立つということである。つまりアレントの描く変化の図式は、個人像の変化と捉えれば、次のように言い換えることができる。すなわち世界への配慮において成り立っている個人と、世界と断絶した自我なるものにおいて成り立っている個人と、そもそも個的なものを喪失した個人という、三つの個人像が順次現われる変化であり、また個人なるものの基盤の変化でもあるということである。

こうした人間（個人）のありようの変化は、同時に「活動的生活（vita activa）」内部の序列の変化とパラレルであった。つまり、アレントが古典古代に見出した「活動」、西欧近代において短い間優位にあった「仕事」、そして生命の至上化とイコールで結ばれる「労働」という三つの行為類型において、重点は前者から次第に移っていき、最後の「労働」が最終的に勝利した、つまり最上位の価値を獲得したという変化である。この「労働」の最終的勝利によってもたらされた社会こそ、アレントのいう「世界疎外」の社会的形態なのである。

アレントが「労働」によって構成されたとする社会の特徴については、後にエルンスト・ユンガーとの比較において明らかにしたいが[16]、それはテクノロジーの支配した社会であると同時に、生命過程のリズムが脈打つような社会である。いわばテクノロジーと生命の合一した社会であるといってよい。そのような社会においては人間は徹底的な機能としてしか現われない。機能化、交換可能性、一者化といった言葉がこの社会の人間の特徴として挙げられることになる。ユンガーは、このような社会の奥深くに不可視の秩序（ゲシュタルト）をみていたと思われるが、アレントにおいて確認しておくべきは、個的なものを喪失した個人なるものは、「労働」優位の社会において機能化した個人であるということであり、アレントにとってこれが「世界疎外」の究極的形態であったということである。そして今日の大衆社会においては、この機能化した人間のあり方こそ、「日常」にほかならないのである[17]。

こうして、アレントの「世界疎外」という概念は、自我の基盤としての世界が失われたことを意味しているということが分かるが、それではこのようなアレントの「世界疎外」論の「疎外」論としての特徴はいかなるものであろうか。彼女の特徴を指摘するには、そもそも「疎外」論とはいかなる論理構成によって成り立つものであるのかという点について、まず一般的な「疎外」論の構図を概略的に振り返る必要があろう。しかる後に、アレントの議論にみえる特徴も見通せることになろう。では「疎外」論の特徴とは何か。一般に「疎外」について論じる場合、何からの疎外かということが疎外論の特徴をなすといえる。[18]ウォルター・カウフマンは、とくにヘーゲル以降の多種多様な「疎外」論を概観した論考において、これまで「疎外」をテーマとした議論が、社会（仲間）からの疎外、（本来の）自己からの疎外、自然からの疎外、などを論じてきたことを指摘しつつ、しかし、とくに社会（他者）からの疎外こそ、他の用語をもってしては議論できない、「疎外」論であるとしている。[19]たしかに、とくに「疎外」という概念において近代以降の人間の病理を表現する場合、「疎外」とは、端的に個人と社会の分裂を病理として捉える概念であるといえる。しかし他者からの疎外を問題とする場合でも、それを疎外という問題状況として把握するということは、個人が世界から疎遠である、世界において安らわないという状態であることではあるが、その不安感なるものは、個人の個体性の核ともいうべき自己性が社会の中で失われたという感覚と無縁ではない。これはちょうど不安とその裏返しとしての実存という問題へアレントが関心を寄せていたのと同様の論理である。つまり、疎外の克服という問題を立てたとき、個人をいかにして社会へ包摂するかという問題とともに、個人がそこで本来の自己たりうるという感覚を回復させなければならないという問題があるのである。カウフマンがいうように、自己実現の反対としての疎外というのは、疎外という言葉を用いなくても、自発性の喪失や精神なき画一化や「本来性」の喪失などの言葉でこそもっともよく表現できる事態であるかも知れないが、しかし自己性の喪失という感覚抜きに、疎外を語れないのもまた承認されるべき事柄であろう。いうなれば疎外論とは、個人の存在基盤としての社会（他者）の喪失と、それと表裏の関係にある個人の自己性の喪失という二つの契機をもっているといえる。

もっともこの二つの契機は、常に表裏の関係にあるというよりは、二つのうちのどちらを強調するかによって、社会の包摂力を重視するか、それとも個人の自己性を重視するかという力点の相違が出てくるし、また議論の論理展開もかなり様子の違ったものになる。そこで、アレントの議論の特徴を明確にするために、まず社会の包摂力を重視した議論と比較してみよう。

注

（1）HC, p. 205（邦訳、二三三頁）.

（2）Arendt, H., *Der Liebesbegriff bei Augustin: Versuch einer philosophischen Interpretation*, Berlin, Verlag von Julius Splinger 1929, S. 42.

（3）Ibid.

（4）Ibid., S. 43.

（5）カール・レーヴィット、佐藤明雄訳『近世哲学における世界概念』、未来社、一九七三年、一三頁。

（6）アレントのこのアウグスティヌス論については、次の論文がアレントの後の著作との関連も含めて論じている。See, Patrick Boyle, S. J., "Elusive Neighborliness: Hannah Arendt's Interpretation of Saint Augustine," in *Amor Mundi: Exploration in the Faith and Thought of Hannah Arendt*, edited by James W. Bernauer, S. J., Martinus Nijhoff Publishers, Dortrecht 1987, pp. 81-113.

（7）Arendt, H., und Stern, G., "Rilkes 《Duineser Elegien》," *Neue Schweizer Rundschau*, Bd. 23, 1930, S. 856.

（8）See, Arendt, H., "Soeren Kierkgaard," *Frankfurter Zeitung*, Nr. 75-77 (29 Januar 1932).

（9）Young-Bruehl, E., *Hannah Arendt: For Love of the World,* Yale University Press, New Haven and London, 1982, pp. 84-85（荒川幾男・原一子・本間直子・宮内寿子訳『ハンナ・アーレント伝』晶文社、一九九九年、一三七頁）.

（10）Arendt, H., "What is Existenz Philosophy ?" *Partisan Review,* Vol. 13, No. 1, 1946, p. 41.

（11）Ibid., p. 55.

（12）HC, p. 254（邦訳、二九二頁）.

（13）HC, p. 305ff（邦訳、三四一頁以下）.

（14）HC, p. 320（邦訳、三五五頁）.

（15）HC, p. 321（邦訳、三五五頁）.

（16）次章参照。

（17）人間の社会的役割への過剰な同化について、アレントはフランス実存主義の「くそまじめな精神」という呼び方に言及している。See, EU, pp. 188-193.

（18）疎外論の概略を得るには、Schacht, R., *Alienation,* University Press of America, New York 1970 が有益である。とくに同書所収の Kaufmann, W. の Introductory Essay を参照のこと。

（19）Kaufmann, W., "Introductory Essay," op. cit., p. lii.

第二節　アレントにおける「疎外」論の特徴

社会の包摂力を重視した議論という場合、ここで念頭においているのは、「疎外」という概念によって個人が回帰すべき全体としての社会という思惟様式をもった議論ないしは思想である。個人はこの全体への回帰によってその存在基盤を回復し、個体としての存在を全うできるという考え方である。ここでは便宜上、このタイプの疎外論の代表として、デ・グレージアの議論を主に参照することにする。

デ・グレージアはその著書『疎外と連帯――宗教的政治的信念体系[1]――』において、デュルケームのアノミー概念を用いながら「疎外」を論じていく。いわく、

「デュルケームは、同一の共同体に属する平均的市民に共通する信念や感情の総体を指して集合意識と呼んでいるが、彼は、アノミーとは大抵の場合、この集合意識の弱体化した社会の秩序解体状態と考えている。[2]」

この「集合意識」の弱体化はまた次のようにも言い換えられる。

「その現象面が個人であれば、疎外感と目安の欠如感によって特徴づけられる不安感、共同体であれば、共通の価値または信念の崩壊ないし不在と、それぞれ関連していることが知られている。[3]」

ここでいわれる共通の信念の崩壊には、デ・グレージアによれば、「単純アノミー」と「尖鋭アノミー」とがある。[4]前者は信念の競合によって、ある一つの信念体系が弱体する場合であり、後者は個人を支えている信念体系それ自体の崩壊に直面して出て来るものである。これらはともに個人を支える信念体系を揺さぶるのであるが、彼が特に憂慮するのは、秩序と規範の消滅を意味する後者であるといってよい。

デ・グレージアは、アノミー、とくに「尖鋭アノミー」の発生を社会的利益の多元化と対立による同質性の崩壊した大衆社会と結びつけるのであるが、この認識は次のようにも述べられる。

「完全な原子化、非現実と不条理、合理化と機械化の結果生まれた盲目的で、予測しがたく無意味な力による一切の秩序、あらゆる社会、そしてあらゆる合理的個人の存在の破壊、そうしたものは通常の個人がよく耐えうるものではない。そうした新しい悪魔を追い払うこと、これがいまやヨーロッパ社会の第一の目的となったのである。(5)」

そしてこのような「尖鋭アノミー」の状況が、ファシズムの指導者原理をもたらしたのであるという。このような原子化、すなわち共同の秩序や信念の崩壊とをナチズムに結びつける見方には、たとえばフロムの『自由からの逃走』などにも通じるものをみることができるかも知れない。いずれにせよ、デ・グレージアの議論において確認しておくべきは、社会の原子化そして多元化による共通の信念の崩壊と、それへの対応としての個人が「所属すべき政治的共同体」の強調である。(6)

ここには「疎外」論の一種の典型的な論理構造がみて取れる。すなわち、個人とその外部にある共同体（集合体）という二元論の論理である。いうなれば個人が帰属すべき「全体」が個人の外部に措定されるのである。この論理はデュルケームにおいてさらに明瞭である。というのも、デュルケームにあっては、社会は「物」として規定され、その実在性が強調されるからである。デュルケームの場合、社会とは、「個人の意識を支配する一種独特の力(7)」であり、また「外部から個人にはたらきかけてくる(8)」ものとして捉えられるのである。社会はその内部の多様化・多元化を超えた、それらを包摂する全体として捉えられ、その意味でその共同体性が強調されるといってよい。もっともデュルケームは社会と国家とは区別し、デ・グレージアのように政治社会あるいは国家をもって直ちに個人を包摂する全体としては捉えないことは指摘しておきたい。(9)

翻ってアレントはどうか。アレントの「疎外」論は、個人の存在基盤の推移のうちに現われていた。つまり「政治体」→「自我」→「生命」という変化である。一見すれば、個人の個体性を支える共同体の喪失過程として、同様の論理が働いているように思われる。個人の存在「基盤」として脱個人的なものが失われ、個人の孤立化、内部化が進展しているという推移をみて取ることができるのである。そこにアレントにおいて「疎外」論が成立する契機もあるのであるが、しかし、アレントのいう「政治体」がデ・グレージアやデュルケーム的な意味での個人の「外部」として措定されていたかどうかは、慎重な吟味が必要であろう。たしかにアレントはしばしばローマに言及しつつ「客観的制度」の重要性を指摘してはいるが、それはいうなれば「活動的生活（vivele civile）」のための条件としてである。つまり個人による相互の「活動」によってそれははじめて個人の「基盤」となるという論理なのである。

ここのところはアレントの論理においては重要な点であるので、さらに詳しくみていこう。右で「政治体」と述べたものはアレントにおいてはひろく「世界」と呼ばれる人工物の一部である。多くのアレント論において指摘されてきたところであるが、この「世界」とは、アレントの場合、人々を「結びつけると同時に切り離す」[10]ものとして言及される。つまり人々を「上から」包摂するのではなく、「間」にあってつなぐものとして観念されているということである。しかもその「世界」は個々人によって語られてはじめて人間的世界となる、とアレントはいう。[11]いうなれば「世界」とは人間からの働きかけなしでは、有意味な存在として位置づけられてはいないということである。このことは、

「人間的工作物は、活動と言論の舞台でなければ、また人間事象と人間関係の網の目の舞台でなければ、そし

てさらにそれらによって生み出された物語の舞台でなければ、その工作物は究極の存在理由を失う。人々によって語られ、彼らによって住まわれるのでなければ、世界は人間的工作物ではなく、孤立した個人が各人勝手に別の対象を付け加えるだけの無関係な物の集積である。他方、住まうべき人間的工作物がなければ、人間事象は遊牧民の放浪のように浮動し、はかなく、空虚であろう。[12]」

という「世界」と人間の相互依存的把握によっても理解されよう。「活動」という能動的な働きかけがあってはじめて「世界」は「世界」たりうるのである。したがって、アレントの「疎外」論においてはデ・グレージアやデュルケームのような個人と共同体の二元論はないといってよい。つまり個人が回帰すべき、あるいは包摂されるべき意味の世界が予め前提とされていることはないのである。

しかし、個人と切り離された別個の存在としてある種の全体が前提とされることはないにしても、アレントにおいても個人とは次元を異にする「公的舞台」、「公的領域」などが措定されていることは右の引用からも明示的である。ではアレントにおいて「公的舞台」、「公的領域」とは何か。この問題を考えるためには、その前提として「疎外」論の今一つの強調点であった自己性の喪失とアレントとの関係をみておかなければならない。というのも、「自己」をどう把握するかというのが、アレントの「公的舞台」の意味内容と大きくかかわるからである。

ところで、自己性の喪失といっても、少なくともルソー以来、およそ近代以降の人間について思索をめぐらす者で自己喪失（疎外）の問題を意識しなかった者はいないといってよいであろう。そこでここではアレントを論じる際に、深くかかわるルソーの思想とアレントの比較を通じて、アレントの特徴を浮き彫りにしてみよう。

アレントとルソーの関係をめぐっては、これまでカノヴァンらによって「複数性（plurality）」という概念を中心にして論じられることが多かった。[13] すなわち、「大文字の人類ではなく、複数の人々が生きており、世界に住んでいる」[14] というアレントにおける人間の「複数性」の強調が、ルソーの単一の意志としての一般意志が支配する世界と対比されるのである。すなわちアレントは個々人を同一の意志のもとにまとめ上げるような共存を批判し、個々人の多様性が確保される共存を考えており、それが彼女の「世界」という客観的制度の共有という思想にみることができるということである。[15] 実際、アレントはルソーについて、彼が人民を一つの身体として捉えていたとして批判している。[16] いわば個体性と一体性との違いである。

このようなアレントとルソーの間の相違は、これまで意志論や合理主義的合意論などとの関連において語られてきたし、あるいはまたルソー的「哀れみ」や「同情」など、アレントが政治に相応しくないと規定した情念の政治的機能の観点からも論じられてきた。このような指摘を踏まえつつも、ここでは両者の相違と共通点を論じてみたい。まず両者の相違点としては、自我論における相違がもっとも大きな論点であろう。その相違は、「存在(etre)」と「現われ（外観）(paraitre)」の関係をめぐるアレントとルソーの相違にもっともよくみることができる。周知のようにルソーは「存在」と「現われ」の分裂に悩んだのであるが、彼が苦悩した「存在」と「現われ」の分裂とは何か。この点についてのルソーの実存的苦悩と作品次元における理論化とは、すでにスタロバンスキーによって見事に論述されている。まずはスタロバンスキーの論述に従いながら、ルソーにおける自我論を概観しておこう。

スタロバンスキーはその著書『ルソー　透明と障害』[17] において、文字通り「透明」と「障害」の狭間で、言い換えれば「存在」と「現われ」との間で引き裂かれた、悩める魂（あるいは「不幸な意識」）としてのルソーを捉える。スタロバンスキーは、ルソーの原点を魂と魂の直接的交流への希求であるとする。ルソーにとって「現われ」とは、魂の真実が否定された姿にほかならない。したがって「現われ」とは直接性が妨害された姿であり、不透明な世界なのである。そして当時の「文型化」した社会の秩序こそその不透明さの源泉にほかならないのである。つまり問題は、社会の秩序が人間の魂が直接的に現われるのを阻止している、というよりはねじ曲げて現わすということである。利害を通して人々を結びつける歴史と社会こそ悪の根源であるが、スタロバンスキーは次のようにまとめている。すなわち、

「人間が自己の利害を個人の存在に一致させることをやめ、人間の幸福に不可欠なものと信じている介在された物にそれを一致させようとする事実に由来している。社会的人間の自我はもはや自己自身のなかには認知されなくなり、外部の、事物のなかに求められる。そしてかれらの『手段』は目的となるのである。人間全体は物、もしくは物の奴隷となる[18]……。」

ここにはルソーにおける問題が、自我と自己自身との関係の回復、言い換えると、自己は自己自身に対して透明でなければならないということ、そして自我が外部に自らの拠り所を求めるのは「疎外」であることが窺える。つまり、社会の外側にあって、「自己自身にかえること、それはよりいっそう高い理性的明晰さと直接的な感覚的明証に、社会を支配している無意味に対立することによって近づくこと[19]」が要請されているのである。スタロバンスキーのこのような指摘は、ルソーの「amour de soi - meme」と「amour propre」の対比にあたる。ルソーによれば、後者こそが人間を物に従属させ、自分の利益のためには実際とは違ったように見せる必要から、「存在」と「現われ」の分裂を引き起こすものである[20]。そしてそれと対置される自我こそ透明な自我であり、その自我は、

意識と意識の直接的な関係の回復をもたらし、自我の外部化という疎外を乗り越えてゆくであろう。
スタロバンスキーは、この透明な自我の回復と意識と意識の直接的関係への希求を『社会契約論』における共和国に見出す。

「……純潔と純潔という特権が、人間相互に魂を開かせる絶対的な信頼の結果によって取り戻されている。人間が心を開きあい、相互にそれを見せあえる存在となるような全体的譲渡は、究極的には、自律した、自由な個人として生きる権利を人間に回復させる。その時から、人間は孤独にも隷属にも苦しまず、そして個人の生は全員一致の好意に基づき、他者の承認によって、正当化され、支持される。人間は互いに自己を見せあいながら生き、一つの社会的集団を構成する。[21]」

いうなれば、共同体の形成とは、「隠された自然」としての自己の取り戻しであるということである。ルソーの共同体観をこのように押さえつつ、スタロバンスキーは、ルソーの求めていたものを自我の表現という問題へ収斂させていく。それは自己の本性を隠す言語という媒体を否定しながらも、自己の直接的な表現を可能にする言語を探求するという絶望的な闘いにならざるを得ないであろう。

さて、自ら「美しき魂」たらんとしつつ、かつ「美しき魂」たちの共同体を求めていくというルソーの姿をスタロバンスキーに依拠して述べてきたが、アレントとの比較という観点からすれば、「透明」という自我のあり方がキー・ワードとなろう。アレントとルソーの相違が、一体化した共同体か個々の多様性が保持された共同体かという点にあることはすでに指摘したが、この相違はルソーにおける魂の直接的一体化とそれに対するアレントの批判として捉えることができる。そしてこの批判に現われる対立は、アレントにおける「現われ」の優位（というよりは「現われ」と「存在」の一致）とルソーにおける「存在」の優位、さらにアレントにおける間接性の優位とルソーにおける直接性の優位という形で定式化できる。アレントにおける「間接性の優位」については、彼女の「同情」批判、すなわち「同情は人間関係に絶えず存在している距離、中間に介在するものを取り除く」[22]という批判を想起すれば十分であろう。両者は価値の重点がまったく逆なのである。両者の相違は、アレントが「現われ」と「間接性」に、ルソーが「存在」と「直接性」に重点をおくという相違である。では、この相違は、「疎外」論の観点からみたとき、いかなる意味をもつか。

ルソーの場合、「存在」が「現われ（外観）」によって隠されてしまうこと、これが疎外であった。いうなれば社会は真の自己を排除してしまうのである。自己と社会の対立という構図が、自己の優位のもとに捉えられるのがルソーの「疎外」論の論理である。つまり「隠された自然」としての「自己喪失」と自己の再獲得という論理である。ルソーの強調点は自己の内部にある自我と道徳の「真正さ」にあり、その内部の「真正さ」の実現こそがルソーにとっての疎外からの回復なのである[23]。そしてこの疎外の回復の方途が共同体の形成であるとすれば、内に隠された「真正さ」の顕現こそ、ルソーの共同体であるということになる。つまりこの共同体は、道徳的真正さと真の自我の実現として措定されることになる[24]。

他方、アレントはどうか。自己と社会の対立といえば、彼女のいう「パーリア」と「成り上がり」の対立が直ちに想起されよう。アレントにおいても自己性は、個の固有性（ユニークさ）として大きな位置を占めている。ところがアレントはこの自己性は、「存在」において保持されているのではなく、「現われ」においてこそ出来してくるものであるというのである。社会において失われるのは、自己の「存在」ではなく「現われ」なのである。

言い換えれば、外部化されない純粋な自己が隠されたままであることが問題なのでなく、自己性を支える媒体が形成されないことが問題なのである。アレントにおいてその媒体とは、端的にいえば、相互に語ることによって開示される事象への関心であるといってよい。この共通の事象への関心が失われることが問題なのである。共通の事象への関心こそが共通の世界を形成しうる。内面的世界あるいは心情の真実は世界の基盤とはなりえないのである。この点はアレントの「同情は『永続的』制度を確立できない㉕」という批判に明示的である。

ここですでに引用したアレントの次の言葉を今一度想起したい。「(近代的個人は―伊藤) 世界から疎外され顔を突き合わすくらい私的で親密な関係においてしか自分をさらけ出すことができない……。」この文言においてアレントは「世界」と「親密さ」を対置させている点に注意する必要がある。アレントが『人間の条件』においてルソーに言及するのも、この「親密さ」に関してであった。人間の内奥と社会との対立という図式である。

「私的な家族と違って、魂の親密さは、世界の中に客観的で眼に見える場所をもたない。しかも魂の親密さが抗議し、自己主張する相手方の社会も、公的空間と同じような確実な場所をもつことができない。ルソーにとって、親密なるものと社会的なるものは、いずれもむしろ人間存在の主観的な方式であり、彼の場合、ジャン・ジャックがルソーと呼ばれる男に反抗しているかのようであった。㉖」

アレントの批判の要諦は明らかであろう。彼女は媒介のない結合を批判しているのである。アレントは世界を「介在者 (in - between)」としていたが、アレントが肯定する結合様式とは、世界を媒介者とする結合、つまり世界への関心による結びつきなのである。ここで注意しておきたいのは、この世界への関心による結合は、世界を間にもつ結合、つまり「距離」のある結合であるということである。世界とは「距離」であるといってもよい。この「距離」の観念は、アレントの思想において自由と共同体の関係を考えるに際しても決定的な位置を占めることは銘記しておく必要がある。アレントにおいて自由は「距離」によって保障されるのである。

アレントとルソーとの相違点からわれわれは、アレントにおける自由と「距離」という契機の重要性を確認したのであるが、他方、両者の類似点も同じく重要な論点を提供する。両者の類似点とは、端的にいえば、政治体の位置づけにある。さきに疎外論の代表的な著作としてデ・グレージアとデュルケームを取り上げたが、両者の大きな違いは、デ・グレージアが疎外の克服を政治体に求めたのに対して、デュルケームはむしろ中間団体（社会）に求めているという点である。これから考えれば、アレントとルソーはデ・グレージアと同じ思想傾向にあるといってもよいであろうが、しかしアレントとルソーの際だった特徴は、両者ともに政治体の人工的性格を強調している点であろう。こうした特徴をルソーに即してみれば、ルソーは真の自我と道徳の在処として政治体を位置づける、すなわち、政治体の構成員としてのみ、人間は自由を獲得できるし、道徳存在たりうるとするのである。たとえばルソーは祖国愛（amour de la patrie）について次のようにいう。

「最もすぐれた徳は、祖国愛によって作り出された。この心地よい、しかも生き生きとした感情は、徳のあらゆる美しさに自愛心 amour-propre の力をつけ加え、徳を損なうことなしに、それをあらゆる情熱のうちで、最も英雄的なものたらしめる一つのエネルギーをそれに与える。[27]」

市民たちが結合して構成する政治体こそが、自由と徳を保障するのである。政治体のこのような位置づけから、ルソーにおける、祖国のために一身を犠牲にするといった、いわゆる共和主義的思想が出てくることにもなる。[28]他方、アレントもまた自己の固有性の基盤として政治体を位置づける。当然、アレントにあっては道徳や内なる真の自我といった観念は積極的な働きをしていないことはこれまで縷々論じてきたので、両者の違いについては改めて確認する必要はないであろう。そのことを前提として、ここで確認したいのは、アレントが個の生の意味の源泉として、あるいは意味の形成の場として政治体を位置づけているという点である。『革命について』の末尾において、アレントは生に輝きを与えることがポリスの役割であったと述べる。人は政治体にあってこそ、自由と平等、そして尊厳ある生き方をできるのであり、生の軌跡を世界に刻むことができるのである。その折、アレントにおいて「祖国のために死ぬ」という思想がみられるのかどうかという点については次章で触れる。ここで確認しておきたいのは、アレントにおいてもルソー同様、政治体こそは人間の尊厳の砦であるということである。

注

（1）*Sebastian de Grazia, The Political Community—a Study of Anomie*, 1948（佐藤智雄・池田昭他訳『疎外と連帯—宗教的政治的信念体系—』勁草書房、一九七四（一九六六）年）。
（2）同書、六頁。
（3）同書、七－八頁。
（4）両概念の対比についてはとくに一二〇－一二四頁参照。
（5）同書、三一〇頁。
（6）同書、ⅷ頁、三三四頁。
（7）デュルケーム、宮島喬訳『自殺論』、中公文庫、三八五頁。

（8）同書、三八八頁。

（9）同書、四七八頁、五〇〇－五〇一頁。

（10）HC, p. 52（邦訳、五三頁）．

（11）MDT, p. 24（邦訳、三七頁）．この意味でアレントは人間の側からの働きかけなしで成り立つリアリティや客観性といったものに対して批判的である。彼女にとって客観性は「問いかける存在（question - asking being）」なしではありえないのである（BPF, p. 49. 邦訳六二頁）。なお、この点に関しては次も参照。Dish, L., "More Truth than Fact: Storytelling as Critical Understanding in the Writings of Hannah Arendt," *Political Theory*, Vol. 21, No. 4, November 1993, pp. 665-694.

（12）HC, p. 204（邦訳、二三二頁）．

（13）Canovan, M., "Arendt, Rousseau, and Human Plurality," *The Journal of Politics*, Vol. 45, 1983, pp. 286-302.

（14）HC, p. 9（邦訳、一〇頁）．

（15）Conovan, op. cit., esp., pp. 294-295.

（16）OR, p. 76（邦訳、一一五頁）．

（17）Starobinski, J., *Jean-Jacques Rousseau: La transparence et l'obstacle*, Librairie Plon, Paris 1957（山路昭訳『ルソー透明と障害』、みすず書房、一九九三年（新装版）．

（18）同書、三八頁。

（19）同書、六七頁。

（20）ルソー、本田喜代治・平岡昇訳『人間不平等起源論』、岩波文庫、一〇〇－一〇一頁。

（21）スタロバンスキー、前掲訳書、一三七頁。ちなみに吉岡知哉はルソーの社会契約論の共同体は、たとえばクランの共同体などとは区別されるべきであるとして、前者の共同体の関係性を強調している。吉岡知哉『ジャン・ジャック・ルソー論』東京大学出版会、一九八八年、とくに一三一頁。

（22）OR, p. 86（邦訳、一二八頁）．

(23) テイラーはルソーにおいて道徳の内面化という変化がもっとも顕著に現われているという。*Multiculturalism : Examining the Politics of Recognition*, by Charles Taylor, et al, edited and introduced by Amy Gutmann, Princeton University Press, 1994（佐々木毅、辻康夫、向山恭一訳『マルチカルチュラリズム』岩波書店、一九九六年、四二頁以下）。

(24) カッシーラーは社会契約による倫理的かつ自律的人格の実現を強調している。See, Cassirer, E., *The Question of Jean Jacques Rousseau*, translated and edited by Peter Gay, Indiana University Press, Bloomington and London, 1975, p. 55（生松敬三訳『ジャン・ジャック・ルソー問題』みすず書房、一九九七年、二四頁）。

(25) OR, p. 86（邦訳、一二九頁）。

(26) HC, p. 39（邦訳、四〇頁）。

(27) ルソー、河野健二訳『政治経済論』岩波文庫、二九頁。またここでルソーが言及している「祖国愛」については次を参照。中谷猛『近代フランスの自由とナショナリズム』法律文化社、一九九六年。

(28) ルソーの共和主義とアレントの共和主義の比較については、次を参照。See, Canovan, M., *Hannah Arendt: A Reinterpretation of Her Political Thought*, Cambridge University Press, New York, 1992.

結びにかえて

これまでアレントの思想を「疎外」を中心に論じてきた。ここでの議論からすれば、アレントのいう疎外については、世界において安らわないという近代的不安の感情から自我の基盤喪失へと力点の変化をみることができる。「世界疎外」とは自我を支える基盤が失われ、主観化していく、まさに近代人の条件であった。その主観化を乗り越えるには、世界を故郷として形成しなおすことが求められるであろう。他者との共通の基盤としての世界を得てはじめて人間は自我の基盤を得ることができる。アレントはこの共通の基盤としての世界を政治体（共和国）として捉える。政治こそ生の基盤なのである。言い換えれば、近代的疎外を克服するとともに自由を実現し、かつ人間の生の意味と尊厳の砦ともなる政治体の形成、これがアレントの求める政治像である。

ところで、アレントの求める政治体が共同体としてのまとまりを保持しつつかつ個々人の自由を保障するためにアレントの理論において強調されるべきは、ルソーとの対比において指摘した「距離」という観念であろう。アレントは、無世界的一体化を意味する「親密さ」の反対に「距離」という観念を置き、それによって個々人の自由を確保しようとしているといってよい。では「距離」のある結合とはいかなる結合か。アレントのいう「距離」とは、先にも少し触れたが、世界を介在させた関係であるといえるのであるが、この世界を介在させた関係を彼女は「友愛（フィリア）」ともよぶ。いうまでもなくアレントにおいて世界とは公的なものを意味し、したがって、友愛とは私的な感情ではなく、公的な関係を指している。主著『人間の条件』においては次のようにいわれる。「(友愛とは) 世界が我々の間におく距離をもって人を尊重すること」[1]である。つまり世界という公的なものによって隔てられ結びつく関係が友愛なのであるが、世界を基盤として成り立つ人間像をアレントは別の箇所では「ペルソナ」とも呼んでいる。「ペルソナ」とはいわば公的人間を意味するのであるが、アレントの政治観においては、重要な意味をもっている。彼女がフランス革命とアメリカ革命との対比を、自然人とペルソナの対比として語っていたことが想起されよう。アレントはペルソナについて次のようにいう。

「この語（ペルソナのこと—伊藤）のもともとの意味は、古代の俳優たちが劇の上演のときによく着用した仮面のことであった。……この仮面そのものは明らかに二つの機能をもっていた。つまり、第一にそれは俳優自身の顔と表情を隠すというよりはそれを取りかえるためのものであった。しかし、第二に、ある意味では、仮面をつけることによって、あるものを通して声を響かせることができるはずである。いずれにせよ persona という言葉が比喩となって演劇用語から法律用語に移されたとき、それを通して声が響くところの仮面というこの第二の意味を含んでいたのである。ローマの私人とローマ市民との違いは、後者が persona すなわち法的人格といっていいようなものを持っていたということである。[2]」

そして「ペルソナ」を持っていないのはただの私人であり、「法の領域と市民たちの政治体の外部に置かれた[3]」、政治的には無意味な人間であるというのである。

アレントがいう法と政治体は、彼女の用語法において多くの場合「世界」という言葉と互換可能な言葉である。したがってここで彼女がいっている「ペルソナ」とは法的人格という意味ではあるが、政治体という世界によって成り立つ人間像でもある。しかしアレントのいう政治体とは遂行的な相互行為としての活動によって現われるものであると同時に、永続的制度としての政治体という意味もある。「ペルソナ」とはしたがって「活動」の人であるとともに、制度によって成り立つ人間でもあることになる。そのどちらもアレントにとっては共同体の構成員としての人間であり、また自由の主体としての人間でもあるのである。こうした人間像の検討を通してアレントにおける自由と共同体の論理的なつながりをみることがわれわれの課題となるのであるが、次章ではまず、先に指摘したように、疎外を克服し、人間の尊厳の砦たるべく、アレントはどのような共同体（共和国）を求めたのかという、彼女の共同体観の基本的、かつ時代的な性格を明確にしていこう。

注

（1）　HC, p. 243.

（2）　OR, p. 106（邦訳、一五八頁）. ちなみに「ペルソナ」という言葉の由来や宗教的意味については山田晶『アウグスティヌス講話』新地書房、一九八六年、第三話「ペルソナとペルソナ性」を参照。また武藤光朗「ペルソナの倫理」『理想』一九八六年六月、坂部恵『仮面の解釈学』東京大学出版会、一九九八年も参照。この概念については次章においても言及する。

（3）　Ibid., p. 107（邦訳、一五九頁）.

第二章　「共和国」の創設へ向かう思想

はじめに

　いわゆる「共和国」の「創設」(foundation) が、疎外を克服し、人間の尊厳の砦として、ハンナ・アレントの政治思想における重要な契機であることは前章で述べた通りである。この場合の「共和国の創設」とは、従来からカノヴァンらがジェファーソンやド・トックヴィルらに連なる「共和主義」という言葉で特徴づけてきたように、公的領域への市民の参画や討議において現われる「公的自由」という、古典古代を範とする観念が中心となっているものであり、このような空間の創設こそ、アレントの政治思想の中心点に位置するテーマであるといってよい。このような思想においては「自由」はまさに「政治」そのものとなるのである。政治と自由とを対置させる自由主義の席巻した二十世紀後半において、政治と自由とを等しいものであるとした彼女ほど公的自由を強調した思想家はそう多くはない。アレントのこのような強調は、彼女の「政治に対する非政治的保護手段などありえない」[1]という確信を背景としている。政治（権力）への批判は、非政治（権力）の領域へ逃げ込むのではなく、新たな政治（権力）の樹立に結実しなければならず、共同体のあり方に対する批判は、共同体に個人の自律を対置させることではなく、新たな共同体の模索でなければならないのである。多くの参加民主主義論者がアレントを参照した所以である。

しかし、このアレントの「創設」はいくつか難問を抱えている。一つは、政治ないし権力と自由の等置という見方には、ジェイの古典的論文が示すように、少々危険な含意があるのではないかという疑念が向けられてきたことである。「公的自由」を強調するアレントは、「公的自由」の世界を現わす行為を「活動」（action）と呼び、その「活動」の遂行自体に個のアイデンティティの発現を見出すとともに、そのような行為にきわめて卓越性志向的英雄主義的な特徴づけを行っている。そして「活動」あるいは「公的自由」としての政治は非政治的社会的領域から独立していなければならないと説く。このようなアレントの思想が、「戦場」こそ人間本来の拠り所であり、そこでの自己犠牲において現われた共同体こそ現状を超えた「真の共同体」（ゲマインシャフト）であるという、第一次世界大戦後の、いわゆる「前線世代（Front Generation）」的発想と多くの類似点をもつのではないかというのが、ジェイの指摘である。[2]アレントのいう「活動」が暴力の対極に位置づけられる言論によって遂行されるものであることは十分承知の上で、ジェイはアレントの思想をエルンスト・ユンガー（Ernst Jünger, 1895-1998）やカール・シュミット（Carl Schmitt, 1888-1985）らの「前線世代」につらなる「政治的実存主義」の「穏健な」一亜種であるとしたのである。

今一つは、ホーニッグが指摘しているように、このアレントの「創設」は、絶対的権威の源泉を欠いた、いわば神なき時代において、いかにして永続的制度を創設するかという難問を抱えていることである。[3] アレントはアメリカ革命に携わったジェファーソンの「われわれはこれらの真理を自明のものとみなす」という言葉を取り上げ、「われわれはみなす（We hold）」という言葉こそ、真理ではなく活動に「創設」の基礎を置こうとする試みの現われにほかならないとする。しかし、ホーニッグが指摘するように、「われわれはみなす」という言明が、アレントが人間の世界建設能力の現われであるとした「約束」を表現するものであるとしても、その約束の主体たる「われわれ」とは誰かという問題を避けて通ることはできない。しかも、約束をするということは、約束をするということが意味をもつ世界、あるいは約束は守られるという期待が成り立つ世界を想定しているはずであり、その意味で「約束」は主体においても、有意味性の成立においても前「約束」的世界がなければならないことになる。[4] ホーニッグはアレントの議論に新しい権威概念を見出そうとするが、この問題がアレントの抱えた難問であることに変わりはない。

　このような「創設」にまつわる難問は、ある意味では、「無からの決断」といういわゆる決断主義とアレントの共和主義思想との関連如何という問題としてみることも可能である。本書では、この問題は次章で取り上げることにして、ここではアレントの思想的出発点を確認するという意味で、まずはユンガーやシュミットらの思想とアレントの思想とはいかなる点において異なるのかをめぐって、多少細かく分析したい。というのは、彼らと何を共有し、どこで袂を分かつかということが、アレントの思想を把握する上で重要な論点となると思われるからである。カノヴァンもいうように、第一次世界大戦によって自由主義のみならず旧来型の権威主義も含めた十九世紀的思想の破産を経験した「前線世代」と、「全体主義」という二十世紀の砂漠を経験したアレントとの間には、ともに世界が人間にとって有意な空間ではなくなったという二十世紀的感覚を背景とした実存主義と古典的共和主義の結合という共通項がある。[5] とりわけ「英雄主義的審美主義」的政治観ともいうべき政治観の類似は強い印象をわれわれに与える。

この点について、アレントにおける複数性（plurality）」や「自由討論（free discussion）」などを引き合いに出して、彼女の特徴を際だたせようとする力ノヴァンの論調も一面では理解できるものの、しかしアレントの共和主義は、彼女自身、「私は自らの生まれた都市国家を自分の魂以上に愛している」というマキァヴェリの言葉を肯定的に引用するように、[6] 多少の精査が必要とされるように思われる。マキァヴェリばかりでなく、彼女が好んで引き合いに出すペリクレスやアキレウスも相当に軍事色の強い英雄であるし、またアレントは「活動」における「卓越性」志向をモンテスキュー的「名誉」という文脈に置こうとするが、モンテスキューのいう「名誉」なるものはそもそも戦場でこそもっともよく示されるとされていたものである。アレントにとって英雄主義とは何を意味したのであろうか。

アレントの英雄主義をめぐっては、「前線世代」との関係ではなく、制作的政治観あるいは目的論的政治哲学の伝統から政治と個人を解放する試みとして理解するヴィラのような見解もある。[7] この見解はアレント思想における脱「物象化された日常」ともいうべき側面を的確に指摘しているといえる。[8]「全体主義」を経験したアレントは、それが空前絶後の支配体制であることを強調しつつも、他方で「全体主義」批判で用いた多くのタームを一連の大衆社会批判にも適用している。ここには、「全体主義」自体は空前絶後でも、それを支えた社会的条件自体はむしろ日常化しつつあるのではないかというアレントの問いかけがあるといってよい。この観点からすれば、アレントの英雄主義は、大衆社会という日常化した近代の病理からの脱却として理解されることになろう。ここでは必ずしもポストモダン的アレント解釈を踏襲するものではないが、脱日常としての英雄主義＝アゴーンという指摘は重要であろう。アレントの共和主義にみられる軍事的色彩および脱日常的傾向、これらはどのように関連し、そしてその英雄主義はいかなる「共和国」へと結実していくのであろうか。これが本章で明らかにすべき課題である。この問題は、前章で触れた「祖国のために死ぬ」という共和主義とアレントはどう異なるのかという問いへの解答も含んでいる。

アレントの思想は現象学的実存主義との関係で論じられることが多い。そのことはアレントとハイデガー（Martin Heidegger, 1889-1976）との関係を考えれば当然のことであるともいえ、本書でも第三章で立ち入って論じるつもりである。しかし彼女の「共和国」に対するある種の熱望は、現象学的実存哲学との関係のみでは十全な形で解明することはできない。アレントの思想的根本に現象学的実存哲学があることは間違いないとしても、その哲学が「共和国」の創設という思想的契機と不可分に結びついていることがアレントの政治思想の大きな特徴となっているからである。いうなれば現象学的実存哲学はアレント的「共和国」において具象化されるのである。この点からみれば、「公的自由」を具現すべき「共和国」の創設を模索することが、アレントの共和主義思想の中心テーマであるといえるが、しかしすでに触れたように、その思想的内実や背景は検討すべき課題を未だ残しているというべきである。その課題を本稿では以下の順序で明らかにしていく。まず彼女による全体主義の分析を概観し、アレントが何を問題として捉えていたかをみる。そしてその上でアレントと「前線世代」、とくにエルンスト・ユンガーとカール・シュミットとの比較を行い、アレントの「政治」がもつべき内実を確定することにしたい。

注

（1）BW, S. 85.
（2）Jay, M. and Botstein, L., "Hannah Arendt: Opposing View," *Partisan Review*, Vol. 45, No. 3, 1978（今村仁司・藤澤賢一郎・竹村喜一郎・笹田直人訳『永遠の亡命者たち』新曜社、一九八九年）。もっともジェイはこの後アレントに関する見解を変更している。それは彼女の判断力論が、没規範的状況での決断を主張する「政治的実存主義」に対するアンチテーゼとなっているとみるからである。See, Jay, M., *Force Field: Between Intellctual History and Cultural Critique*, Routledge, New York and London 1993, pp. 61-83.
（3）Honig, B., "Declarations of Independence: Arendt and Derrida on The Problem of Founding a Republic," *American Political Science Review*, Vol. 85. No. 1, March 1991, pp. 97-113.
（4）Ibid., pp. 102-103.
（5）Canovan, M., *Hannah Arendt: A Reinterpretation of Her Political Thought*, Cambridge University Press, New York, 1992, p. 205.
（6）マキァヴェリのこの言葉は OR, p. 286（邦訳、八六頁）に引用されている。
（7）Villa, D. R., *Arendt and Heidegger: The Fate of the Political*, Princeton University Press, Princeton 1996.
（8）Ibid., ex., pp. 130-138, p. 216.

第一節　アレントの全体主義分析

アレントは自らのファシズム（ナチズム）観を「全体主義」という概念によって表現しているが、アレントの政治観を論じていく前提として、彼女の全体主義論は不可欠である。彼女の政治思想は徹頭徹尾全体主義とは何か、何がこれを阻止しえたか（しうるか）という点にかかっているからである。本節では彼女の出世作となった

『全体主義の起源』を手掛かりとしながら、アレントの問題意識を整理しておく。

若い時期にはあまり政治に関心をもっていなかったとも述懐しているアレントが、政治に関心をもちはじめたのは、周知のようにナチズム（全体主義）の出現を契機としている。彼女のナチズムとの思想的対決は大著『全体主義の起源』となって現われたが、この著作はユダヤ民族の絶滅政策に象徴されるナチズムの支配がどのような条件のもとに成立し、またその政策はどのように展開されたかを分析の対象としている。全体は三部から成り、第一部「ユダヤ人問題」では民族の問題を、第二部「帝国主義」では国民国家と人権の問題を、第三部の「全体主義」ではナチズムの支配形態と彼女自身の積極的な政治観をそれぞれ扱っている。本章での議論に必要な限りで論点を拾い出しておこう。

第一部のユダヤ人問題についてのアレントの議論の特徴は、国民国家の没落と反ユダヤ主義運動の伸張が軌を一にしているという見方である。「反ユダヤ主義は伝統的な国民感情と純粋にナショナリスティックな思考が強度を失っていくのに正確に比例して成長し、ヨーロッパの国民国家体制が崩壊した時点において絶頂に達した(1)」と彼女はいう。ここで注意しておかなければならないのは、反ユダヤ主義とナショナリズムとの関係である。アレントにとってナショナリズムは必ずしも批判の対象ではなく、むしろプラスイメージで捉えている箇所も散見され、反ユダヤ主義とナショナリズムとを同一視することはけっしてない。しかし反ユダヤ主義がユダヤ民族に対する感情あるいは運動である以上、それはある種の民族感情と何らかの関係をもつはずである。ここでアレントは民族概念の区別を導入する。アレントの導入する区別は種族的（フェルキッシュ（völkisch））な民族とナショナルな民族という区別である。後者は、一定の領土と法を備えた国家を担う主体としての民族（Nation，ないしはVolk，この場合「国民」といってもよい）であるが、前者は民族をナショナルな単位に分割することに反対し（むろん、コスモポリタン的なインターナショナリズムにも反対するが)、超国家的な血統によるつながりを求めるような民族のあり方である。アレントがプラスイメージをもつナショナリズムが後者の民族概念に関連し、前者が全体主義へと通じることは明らかであろう。

ナショナリズムを一様にフェルッキシュで攻撃的なものとはみなさないアレントのこうした二つの民族という考え方は、今日ではよく見られるものであるといえるが[2]、ここでの議論との関連でいえば、この区別は、アレントが全体主義をどのように把握していたかを明らかにする。そこでもう少し詳しくこの区別について述べておきたい。アレントは、彼女がプラスイメージをもつ民族(これをさしあたりネーションと呼ぶことにする)についていくつか特徴を述べているが、まず、ネーションは法的機構としての国家を担うとともに、「自国の国境を越えたところからは別の国の法律が始まることを[3]」承認していること、第二にこのネーションは領土という土地に基盤をもっていること[4]、第三に、ネーションは文化的・歴史的統一体であること[5]、である。つまりネーションはルナン(E. Renan)的な精神的連帯心と国家への忠誠および責任感とによって特徴づけられるといってよい。他方、彼女のいう種族的民族についていえば、この民族は地理的に明確な境界をもたず、自らの祖国をもたないことによって他の民族に抑圧されることになった、とくに東欧諸国にみられる民族のあり方である。ネーションが「土地共同体」であるとすれば、自らの国家をもたないこの種族的民族の共同体は「血の共同体」であるとアレントはいう[6]。それは地上に故郷をもたない「根無し草的性格(Boden - und Würzellosigkeit)」のゆえに、種族的ナショナリズムによって結びついた民族の共同体でもある。アレントの議論においては、この根無し草的民族の種族的ナショナリズムが超国家的汎民族運動へと展開し、全体主義の土壌となるのである。

しかし、いうまでもないが、アレントの議論では、全体主義の前提をなすこのような故郷喪失及び種族ナショナリズムは東欧にのみ跋扈したのではない。とくにドイツを念頭においていると思われるが、アレントは都市化とともに出現した大衆社会もまた同様に故郷喪失という事態にあるという。[7] つまりナチズムの台頭は東欧的故郷喪失状況としての大衆社会がドイツに現われたことを前提としているのである。その折り、共同体の基盤を掘り崩すことによって大衆社会を導き、国家の枠を超えて拡大していこうとする全体主義への道を準備した現象として彼女は帝国主義を挙げる。ブルジョアジーの経済原理としての帝国主義は、アレントの議論では十九世紀末から二十世紀初頭までの時期の経済的な拡大の「運動」あるいは「プロセス」として捉えられる。[8] その特徴は「新たな政治体の創設なしに権力を拡大」しようとする「運動」であるとされる。[9] いうなれば帝国主義は、共同体を支える共同の力たる（とアレントが考える）権力を政治体から分離することで権力と暴力の境界をなくし、[10] 共同体に代えて私的利益の競争する社会をもたらすものとして規定されるのである。このような事態においてナショナリズムは変容し、中央集権化された国家とアトム化した社会とをつなぐ単なる共同帰属感となる。[11] さらにいえば、「プロセス」としての帝国主義は一切を「運動」ないしは「プロセス」に組み込むことで、個体の固有の「意味」を奪い、交換価値をもってそれに代えるのである。

このような共同体喪失状況は一方で個々人間のつながりや関係性を破壊し、他方で種族ナショナリズムへの帰依を生み出す。アレントはこうした他者との関係を失い、孤立無援の状態に置かれた人間を「見捨てられている者」あるいは「余計者」として「世界疎外」(world - alienation, Weltfremdung) という状況下に置かれている者として捉えられる。[12] アレントの別の表現で言い換えれば「諸権利をもつ権利」を失った状態であるといってもよい。[13] それは人が人権を失った状況でもある。アレントによれば、人が人権を失うのは、

「人間世界における足場を失ったときのみである。この足場によってのみ人間はそもそも諸権利をもちうるのであり、この足場こそ人間の意見が重みをもち、その行為が意味をもつための条件をなしている[14]」

という。

この「人間世界に足場をもつこと」を「諸権利をもつ権利」であるといっているのである。それはまた「人間がその行為と意見に基づいて人から判断されるという関係の成り立つシステムのなかで生きる権利のこと[15]」である。このような「諸権利をもつ権利」をもたない者をアレントは「見捨てられている者」とか「余計者」と表現しているのである。もっとも、この「見捨てられている者」とは大衆社会的状況のみを指すのではなく、第一次世界大戦の結果生み出され、国民国家システムの破綻を予告した、文字通り政治的共同体から排除された「難民」もまた「国家なき民（stateless people）」としてとりわけ過酷な状況にあったということができる。むしろこの「難民」こそ政治的共同体に属する権利を失った人間の典型であり、自ら「国家なき民」としてアメリカへ亡命したアレントにとって議論のモデルであると述べてもよいであろう[16]。そうであるがゆえに、彼女は二十世紀の大きな問題としてこのような「難民」の発生をいち早く指摘できたのである[17]。

ところで帝国主義による政治的共同体の崩壊は右に述べたような「世界疎外」状況をもたらしたわけであるが、彼女の帝国主義論に関して今一つの論点を指摘しておきたい。それは公益と私益の関係をめぐる論点である。帝国主義が共同体を破壊し私的利益の競合する社会をもたらすというアレントの議論は、アレントの政治観の大きな柱である、公益は私益に還元できずという主張と表裏のものである。アレントにとって政治とは公的なものであって、それは私益の集積や調整などで実現できるものではなく、私益とは明確に一線を画したものでなければならないのである。いうなれば彼女は、公益と私益とを明確に分断し、「政治」を「純化された」形で取り出そうとするのである。政治と経済の分離である。そして、その公益を体現する政治体を、社会を超え、一切の目的・手段カテゴリーから解放された永続的なものとして示そうとする。この政治観が、ジェイによって「政治的実存主義」であるといわれることになるのである。

アレントにおける公益と私益の分断は、『全体主義の起源』におけるアレントのホッブス論に明瞭にみられる。[18] アレントのホッブス論は彼女が「帝国主義」を論じた折りに、ブルジョアジーの台頭によって現われた私的利益の競合する社会のもっとも典型的な理論家こそホッブスであるという文脈で述べられる。要約的に敷衍しておけば以下のとおりである。彼女はホッブスの描く自然状態を、各人は「潜在的殺人者として」平等であり、それゆえ万人が万人に対立するという状況であるとする。そしてホッブスにおいては、各人は自らの安全のためにだけ国家の存立を求めることになるとする。そしてこのような状態を描くホッブスこそ、「公益を私的利益から導き出そうと試み、私的利益のために権力の蓄積を唯一の基本目標とする一つの政治体を構想した唯一の人」[19]であるというのである。ホッブスをこのように捉え、ブルジョア社会の文脈においたアレントは、このようなホッブス的な、つまり公益と私益を連続的なものとして捉える「自由主義」的見解に反対し、公的なもの、つまり政治体を私益とは別次元におこうとする。アレントにとって私益とは、近代の病理としての「主観化」、すなわち共同性の喪失の上にあるものにほかならず[20]、さらにそうした私益は永続性も耐久性もないものであるがゆえに、彼女は政治とは別次元のものであるというのである。実存哲学の影響下にあるアレントは人間を「死すべき者」、「死へと投げ出された者」として捉え、ここに人間の実存的不安と不死へのあこがれを見出している。この不死へのあこがれを実現するものこそ、アレントにとっての「政治」なのである。政治とは「死すべき人間から成る共同体に不滅性を与えることである」といわれるゆえんである。[21] 政治の社会諸問題からの分断、死すべき人間に不滅性を与えるものとしての政治体などの主張は、アレントの『人間の条件』をはじめとして『革命について』や『過去と未来の間』などのその後の著作をつうじて一貫してみられるものである。

さて、以上のようにアレントの全体主義論を整理して見れば、彼女の政治思想が目指したものが朧気ながら浮かび上がってこよう。まずアレントにとっての全体主義とは、彼女のナショナリズム論や故郷喪失あるいは「世界疎外」という概念が示しているように、共同体の喪失と「世界疎外」状況を政治的社会的条件として生じる現象である。こうした認識を踏まえてアレントは全体主義を、イデオロギーとテロルを中心とした一種の反国家的「運動」であると捉える。確固たる安定性をもった地上の故郷としての政治的共同体をもたないのが全体主義（あるいはナチズム）の特質とされるのである。この「運動」という捉え方は後に言及するが、彼女のナチズム把握において重要な位置を占めている。そうした認識を単純に裏返せば、アレントは永続性あるいは耐久性をもった地上の故郷としての政治的共同体を求めたという結論が出てくるのが自然なように思われる。疎外の克服という、前章でも触れた論理である。しかし、アレントがこのような全体主義に対置したのは、個の個体性が強調される「活動」という相互行為であった。ここからアレントは全体主義に抗しうるだけの堅固な共同体を求めたとする読み方と、彼女の「活動」概念がもつ英雄主義的側面を手掛かりにして、むしろ個々人のパフォーマティヴな行為ないしはアゴナルな相互行為の出現を求めたとする読み方とが出てくることになる。これら二つの解釈は、往々にして、相対立する解釈であるかのように語られることが多い。[22] しかし、アレント自身に即してみれば、「活動」と共同体的要素とが対立的に言及される場合と、むしろ相補的に捉えられている場合とがある。先に引用した「諸権利をもつ権利」という観点や、あるいは彼女が「活動」に言及するさいには必ず「法」や「公的舞台」へ言及している点などは、「活動」と「法」や「公的舞台」といった共同体的要素とが必ずしも対立的にではなく、相補的に捉えられている例である。これらはどのように考えるべきなのかは、これからの課題であるが、たとえ、彼女が何らかの意味で共同性をもった政治体を想定していたと考えるとしても、むろんそれはアレントの目からすればすでに破綻が明らかな十九世紀的な国民（民族）国家でもない、それらとはまったく異なったものとして観念されているはずであることは強調しておきたい。

さて、今述べたように、アレントがいかなる政治体のイメージをもっていたかは、これから明らかにすべき課題であるが、ここで見逃してはならない論点は、ある種の共同体の創設という政治の復権によって「見捨てられた」個人を救済すること、これがアレントの政治観の根本であったということである。アレントのこうした政治観は、しばしば指摘されるところではあるが、いくつかの特徴をもっている。一つは個人なるものの救済を目指したといっても、彼女はけっして権力に対する個人の自由や自律を柱とする自由主義を受容することはなかったということである。アレントにとって自由主義は崩壊した十九世紀的価値にすぎず、新しい何かが求められていると感じられたのである。「全体主義」という体験によって、過去が無意味な瓦礫の集積となったとき、新たな「はじまり」が必要とされているという感覚である。この「はじまり」としての政治という観念が今一つの特徴である。

ところで、自由主義的国民国家を拒否し、新たな政治をはじめるというアレントの政治的志向性は、ひとりアレントのものではない。いわゆる戦間期にはむしろ一般的な論調といってよく、ヤスパースの「限界状況」やハイデガーの「覚悟性」などの諸概念はこの状況の哲学的表現にほかならない。このような時代的雰囲気を前提としてみれば、ナチズムやそのイデオロギーを定式化したとされる「前線世代」もまた、十九世紀的諸価値の破綻と「歴史の真空」から新たな政治を唱えたものにほかならず、アレントのみるところでは、それがゆえに、彼らの主張はそれなりの「説得力」をもったのであった[23]。そうであるとすると、アレントが第二次世界大戦後、精力的に思索しつづけた政治の復権は、「はじまり」としての「共同体の創設」という「戦間期」的前提の上で、「前線世代」とは異なる方向を指し示すというよりは、彼らに対しても批判となりうる政治像を模索するという試みにならざるをえないであろう。ではアレントは自らの政治像を模索する際に、彼らの何を批判し乗り越えようとしたのか。この点を確認した上で、彼女の求めた共同体像を確定しよう。

注

(1)　EUTH, S. 26（邦訳一、三頁）.

(2)　アレントに先だってナチズム分析においてナショナリズムと人種主義との区別を導入しているものとしては、フランツ・ノイマン、岡本・小野・加藤訳『ビヒモス――ナチズムの構造と実際　一九三三－一九四四――一九三三－一九四四』（みすず書房、一九六三年（原書の初版は一九四二年））参照。本書はナチズムを「運動」として捉える点でもアレントと共通している。もっともノイマンはナチズムにおいて一貫したイデオロギーがあったとは考えていない。この点はアレントとの重要な相違であろう。ちなみにナチズムのイデオロギーに関する研究としては中村幹雄『ナチ党の思想と運動』（名古屋大学出版会、一九九〇年）参照。二つの民族概念についてはアントニー・スミス、高城・巣山訳『ネイションとエスニシティ』（名古屋大学出版会、一九九九年）における「領域的ネイションとエスニックなネイション」という区別（一五九頁以下）やミシェル・ヴィノック、川上・中谷監訳『ナショナリズム・反ユダヤ主義・ファシズム』（藤原書店、一九九五年）の特に第一章参照。二つのナショナリズム論とアレントとの関連について言及したものとして参照、亀島庸一「想像の共同体をめぐる想像力――戦後ナショナリズム研究への一視角」『思想』一九九六年五月号所収。また、共和主義的伝統に位置する愛国主義が、帝国主義の時代になって攻撃的ナショナリズムへと変質したと説くものとして次を参照。See, Viroli, *For Love of Country: An Essay on Patriotism and Nationalism*, Oxford University Press, New York, 1995.

（3）EUTH, S. 223（邦訳二、八頁）.

（4）EUTH, S. 229（邦訳二、一六頁）.

（5）EUTH, S. 369（邦訳二、一七四頁）.

（6）EUTH, S. 380（邦訳二、一八六頁）.

（7）EUTH, S. 380（邦訳二、一八六頁）.

（8）EUTH, S. 239（邦訳二、二七頁）.

（9）EUTH, S. 234（邦訳二、二一頁）.

（10）EUTH, S. 240（邦訳二、二七－二八頁）.

（11）EUTH, S. 372（邦訳二、一七七頁）.

（12）アレントは全体主義の基本的経験は「見捨てられていること（Verlassenheit）」であるとし（EUTH, S. 727（邦訳三、二九七頁））、しばしばこの言葉を用いる。「見捨てられていること」とは英語版では、「孤独（loneliness）」と訳されており、それは「世界への帰属感を喪失した経験（experience of not belonging to the world）」であるとされている（OT, p. 475）。また、「世界疎外」という概念について若干述べておけば、アレントは近代の問題状況を「自己疎外」という言葉によっては表現しない。「孤独」という表現からも分かるように、彼女にとって近代の病理とは、人々が他者との共通の世界を失い、自我の内部に逃避することであり、その意味で共通の世界の喪失こそが問題なのである。この点については後述する。

（13）EUTH, S. 462（邦訳二、二八一頁）.

（14）EUTH, S. 461-462（邦訳二、二八〇頁）.

（15）EUTH, S. 462（邦訳二、二八一頁）.

（16）アレントは難民問題について、それは民族集団がまとめて無国籍になることであるとし、とりわけ第一次世界大戦後顕著になったとしている。そして膨大な数に達した無国籍者の存在は、庇護権や帰化制度を機能不全に陥らせてしまったという。その結果、無国籍者は、権利喪失者・故郷喪失者（Recht - und Heimatlosen）となり、つまるところ難民収容所のみが唯一の「祖国」であるという、「無国籍」という事実がもつ恐るべき現実を指摘する。少数民族問題に対するナチドイツの解決法は、彼らを無国籍にしてから絶滅収容所に入れることであったと述べている（EUTH, S. 452（邦訳二、二六九頁））。こうした無権利者・故郷喪失者の不幸こそ、アレントはユダヤ人の現実であるという。全世界における「余計者（Überflussigkeit）」あるいは「居場所のない者（Statenlosigkeit）」であるとされたとき、ユダヤ人の絶滅がはじまったというのである。

(17)　ハーバーマスは、「ハンナ・アーレントは、今世紀を特徴づけるのは国家に帰属しない人々、難民、権利を剥奪された人々であると分析したが、この分析の正確さには驚きを禁じ得ない」と述べている（「シティズンシップと国民的アイデンティティ」『思想』一九九六年九月号、一九七頁）。

(18)　アレントはホッブスをブルジョアジーの経済哲学を定式化した思想家、つまり営利社会（ゲゼルシャフト）の哲学者として規定するが、彼女のこのホッブス観は、テニエス（Tonnies, E.）が『ゲマインシャフトとゲゼルシャフト』で展開したホッブス論とほぼ同一である。ここでもホッブスはゲゼルシャフトの哲学者とされている。アレントとテニエスの関係は定かではないが、当時のテニエスの影響力からみれば（Ringer, F. K., *The Decline of the German Mandarins: The German Academic Community, 1890-1933*, Harvard University Press, 1969（フリッツ・リンガー、西村稔訳『読書人の没落』名古屋大学出版会、一九九一年、一一二－一一六頁参照））、アレントが参考にした可能性も否定できない。

(19)　EUTH, S. 241-242（邦訳二、二九頁）.

(20)　EUTH, S. 250（邦訳二、三九頁）.

(21)　すでに指摘したところであるが、アレントは近代の病理を、他者との世界の共有を支える「共通感覚（common sense, sensus communis）の喪失と自我＝主観への逃避のうちに見出している。

(22)　前章で紹介したケイティブとヴィラの見解を参照。またこれら以外にも、この二つの見方についてはアレントに関するほとんどの文献に紹介されている。さしあたり次を参照。川崎修「ハンナ・アレントを導入する」『現代思想』一九九七年七月号。Villa, D. R., op. cit.; idem, *Politics, Philosophy, Terror: Essays on the Thought of Hannah Arendt*, Princeton University Press, Princeton 1999; Benhabib, S., *The Reluctant Modernism of Hannah Arendt*, Sage Publications, International Educational and Professional Publisher, London, 1996, pp. 123ff; Calhoun, C., and McGowan, J., "Introduction: Hannah Arendt and the Meaning of Politics," in *Hannah Arendt and the Meaning of Politics*, edited by Calhoun and McGowan, University of Minnesota Press, Minneapolis, 1997, pp. 6-7.

(23)　EU, p. 111. ナチの「魅力」は歴史の連続性という考え方が現実感覚を失っていったとき、歴史の真空状態を率直に認めたことにある、とアレントはいう。

第二節　アレントと「前線世代」

前節で確認したように、アレントの「活動」は、歴史的過去との断絶という感覚を背景とした新たな「はじまり」であるとともに、その「はじまり」は新たな「故郷」すなわち共同世界の創設であり、それが彼女のいう「政治」そのものである。いうなれば「活動」は過去と未来の間の時間の真空から、共同の企てに乗り出す行為であるといえる。「活動」が有する、このような、いわば「ゼロ地点からの出発」という決意性は、ジェイの指摘をまつまでもなく、第一次世界大戦後のヨーロッパの、あるいはとくにドイツの思想的状況を抜きにしては考えにくいものである。時代の子としてアレントもまた自由主義や合理主義に代表されるヨーロッパ的伝統の破産と歴史の真空という「気分」を吸収しているのである。しかし「気分」の共有は思想的同調を必ずしも意味しない。とりわけその「気分」の尖鋭化の行き着くところがさらなる破局である場合には、その「気分」を理解できるだけにより厳しい思想的対決が要求されるであろう。アレントといわゆる「前線世代」との関係は、まさにこのような事例の典型的なものであったといってよい。アレントは彼らの思想をどう受け止め、どう批判したのか。まずはこの「世代」に対するアレントの直接的なコメントをみておこう。

第一次世界大戦後のドイツでは、政治的・経済的・社会的・思想的混沌のなかで英・仏に代表される西欧的文化や秩序に対して、そして同時にワイマール共和国に対して否を唱える勢力が大きな力をもったが、そうしたなかで、旧来型の復古的ナショナリズムとは一線を画し（むしろ反対し）、戦争体験に立脚した根源的な新しさをさまざまに求めようとする、いわゆる「前線世代」と呼ばれる一群の人々がいた。たとえばゾントハイマーは第一次世界大戦後に現われた新しいナショナリズムについて、それは「自由主義的国民国家の時代の終焉と、新たな価値、新たな人間、新たな政治の機構形態を備えた新紀元の開幕を告げる一大転換期の到来とを確信する」[1]ものであると述べているが、これはまさに「前線世代」のメンタリティを表現しているものであるといってもよいであろう。こうした「世代」についてアレントは、彼らのもつ破壊的要素をさらに深く捉え、エルンスト・ユンガーに代表されるこの「世代」にとっては、「人為的な安泰と見せかけだけの文化と、看板だけになり下がった『価値』のこの偽りの世界全体が廃墟に化すのを見たいという切望」[2]だけが切実であり、それゆえ彼らには戦争こそ「浄化者」であり、「救済者」なのであったという。[3]同時にアレントは彼らのなかに、社会のなかで与えられた「偽りのアイデンティティ」を消し去る「没我性」や「無名性」へのあこがれ、「純粋な一機能としての歯車になること」あるいは「より大いなる全体」へ没入することへのあこがれを見出している。[4]いうなれば「没我性」への「決断」という逆説的主体性とでもいうべき心性である。アレントはこの「世代」に、第一次世界大戦後のヨーロッパの社会・政治構造の崩壊の結果生じた「歴史の真空」における、ある種の「決断主義」あるいはニヒリズムを見出したのである。

アレントが批判すべく立ち向かったのは、この逆説的主体性という個のあり方、すなわち「大いなる全体」へと同化していく個のあり方である。ただ注意すべきは、この批判は、一切のものからの解放こそが個の個体性を救済しうるという発想とは異なるということである。個のまわりに「バリアー」を張ることで権力の及ばない範囲を確定したり、個を一切の共同性の反対側に置いたりすることではなく、個の個体性なるものは、ある種の共同性によって支えられるというのがアレントの基本的視点である。それはどのような共同性なのか。それは個が「同化」していく「全体」とどう違うのか。これはアレント思想の全体を貫く問題でもあるが、本節ではこの問題を考える前提として、彼女の個体性の危機に関する認識と個体性を救済する「政治の復権」についての見方を確認しておきたい。そのためここではエルンスト・ユンガーとカール・シュミットを取り上げ、アレントと比較検討してみたい。

1　個的アイデンティティのゆくえ――アレントとユンガー

まず、逆説的主体性に対する批判として、エルンスト・ユンガーを取り上げよう。上に述べたようなアレントの「前線世代」像は主にユンガーの描き出した世界によって形成されたと考えることができるからである。とはいえ、ユンガーはアレントにとって単なる「前線世代」の一典型に過ぎないと考えることはできない。「純粋な一機能としての歯車になること」というアレントの「前線世代」の特徴づけは、ユンガーの『労働者』を強く想起させるとともに、戦間期という限定を超えて、彼女が描く大衆社会像にも重なってくる。いうまでもなく、大衆社会という概念はアレントにとってナチズム成立の最大の社会的条件といってもよいもので、「活動」はこの大衆社会的状況を打破することを、その重要な役割としてもっている。つまり十九世紀的価値秩序を破壊しようとした「前線世代」の描く世界像のなかに、同じく十九世紀的価値秩序からの離脱を図る「活動」が、むしろ対決しなければならない世界像が見出されるのである。

ところで、アレントとユンガーを比較するに際してキー・ワードとなるのは「労働」概念である。まずアレントの『人間の条件』における議論を振り返っておこう。ここでアレントは「活動」・「仕事」・「労働」という行為の三類型を示し、これらを「活動的生活（vita activa）」の構成要素であるとするが、耐久性のあるモノの生産をもっぱらとする「仕事」と「生命の必要」に従事する「労働」は、政治的含意という点で、言論による個々人間の相互行為を内容とする「活動」と微妙な関係に立つ。「活動」はあくまで対等者同士の言論活動によって個々人の「誰であるか」が「現われる」行為であるとされる。これに対して、「仕事」に対応する人間像は「工作人（homo faber）」であり、その人間像の意味するところは自然や他者に対する主権的支配であり、社会工学的発想に近い含意をもつとされる。他方、「労働」は人間を後述するような「労働する動物（animal laborans）」とすることで、匿名の官僚支配に適合的な社会をもたらすとされる。ここで議論の対象とするのは「労働」である。

アレントによれば、「労働」が社会構成の原理となったとき、それは必然への従属となり、その結果大衆社会状況が出現するとされており、「活動」によって構成される社会とは正反対の像が結ばれることになる。つまり「個体性の消滅」というアレントの危機意識がもっとも明瞭に現われたのが、「労働」概念なのである。その折り、アレントにとって「個体性の消滅」とは二つの契機、すなわち個体の生物化と機能化という契機によって昂進していくという認識は確認されておいてよい。この二つの契機の融合こそ、ユンガーの描くところの『労働者』の世界なのである。そこで本章では、「労働」によって構成される大衆社会は、『労働者』の描く社会ときわめて類似した性格をもっているのではないかという観点から、アレントとユンガーを比較してみたい。アレントの「労働」

概念は、アレント自身マルクスにたびたび言及しているため、一般にマルクス主義との関係で取り上げられることが多いが、アレントの「労働」観は、マルクスの「労働」とはおよそかけ離れており、[5] むしろマルクス主義とは異なった文脈で捉える方がよいのではないかと思われる。もっとも、ユンガーをいわゆる「ナショナル・ボルシェヴィスト」[6] として捉えれば、おのずとマルクス主義との関係も出てこようが、しかしそれはきわめて特殊なマルクス主義といわねばならない。いずれにせよ、ここではさしあたりマルクス主義との関係は不問に付しておきたい。

さて、一八九五年に生まれたユンガーは、第一次世界大戦中の前線体験あるいは塹壕体験にその後の文学的、思想的展開の出発点をもっている。彼が市民的、ブルジョア的文化や価値に激しく反発し、根本的に新しい何ものかを求めていたことは、その著作を一読すれば容易に察せられよう。ユンガーはその根本的に新しい何ものかを、まさに到来する新時代として壮大な神話的イメージでもって語り、そしてその時代を生き抜くための「英雄的リアリズム」を指し示すのである。もっとも彼の長期に及ぶ文学的、思想的歩みはけっして単純なものではなく、ナチズム支配への道を切り開いたという評価や、反対に一九三九年の『大理石の断崖の上で』に象徴されるように反ヒトラー的反ナチス的態度を一貫してもっていたといった評価などが複雑に入り乱れ、議論されている。[7] アレント自身は、ユンガーについてナチスのイデオロギーを定式化した「前線世代」の代表とみなしている[8] 反面、彼は一貫して反ナチスであったという評価も別のところでは行っており、[9] 評価の微妙な揺れを示している。こうした揺れからもこの作家の複雑さを窺うことができるが、しかしここではあくまでアレントの「活動」概念を明確にすることが目的であるため、ユンガーをそれ自体として検討するのではなく、参照基準として言及するにとどまることを予め断っておく。

十九歳で第一次世界大戦を迎えたユンガーは、

「我々は教室、椅子、勉強机を離れ短期間の訓練の後に大きな熱狂した集団の中に溶け込んだ。安逸の時代に育った我々は、異常なもの、危険なものへの憧れを感じていた。そのとき戦争が我々を陶酔のうちに捕まえたのである。花の嵐の中を我々は熱狂的な気持ちで出征した。戦争は我々に偉大なもの、強いもの、祝祭的なものをもたらすにちがいなかった。[10]」

と、その高揚した気分を記している。この気分は当時よくいわれた「一七八九年の思想」に対する「一九一四年の思想」の勝利への熱狂でもあろう。[11] しかし、戦争の現実はこのような気分に見合うものではなく、彼の戦争体験記には、絶望的な気分での行軍や放置された死体の山や死臭立ちこめる戦場などについての記述が見られる。近代技術を駆使した二十世紀の物量戦では、むしろ機械こそが強大なものとして現われ、人間の死はもはや「男性的勇気の輝かしい記念碑」ではなくなってしまっているのである。[12] 戦争はまさに「鋼鉄の嵐」なのである。技術の圧倒的な破壊力と個人の無力そして死の無意味化、これがユンガーの見た戦争の現実であった。このような戦争の現実から何を引き出すか。通常考えられるような反戦論ではない。この圧倒的な技術の破壊力を積極的に受け入れ、その中に没入すること、これがユンガーが選んだ道である。ジェフリー・ハーフのいうところの「反動的モダニズム」の道である。[13] すなわち力への意志と近代技術の結合であり、またそこからある種の秩序を見通す道である。そしてこの延長線上に『全体的動員(Die totale Mobilmachung)』(一九三〇年)や『労働者(Der Arbeiter: Herrschaft und Gestalt)』(一九三二年)が著されることになる。以下、この二著について少々立ち入って紹介してみよう。

まず、『労働者』の予備的考察ともいうべき『全体的動員』についてみていこう。右に指摘したように、ユンガーにとって近代戦争はすでに人間が主役ではない。同書でユンガーは、「英雄的精神は戦争のイメージを人間の行動によって規定されうるような層に求めることを好まない」[14]とし、戦争を人間的行動とは別の次元におくことを提唱する。そこで提起された戦争像が「全体的動員」である。ここでいう「全体的動員」とはまさに全体を動員することで、「部分動員」を対語としてもっている。「部分動員」とは、ユンガーによれば、君主制に対応した概念であり、十九世紀的なものである。[15]二十世紀に求められているのは全体の動員である。第一次世界大戦におけるドイツの敗北は、この動員の不十分さ、それを支える技術の不十分さに求められる。ユンガーは全体的動員に関して次のようにいう。

「生のエネルギーへの変換が増大することによって、また可動性を増すためにあらゆる拘束の内実がますます空洞化することによって、多くの国々において戦争勃発時にはまだ王室の独占的な、いかなる連署にも依存しない権利であった動員行為がいよいよ革命的な性格を獲得する消息を、今や辿ることができる。これを条件づける現象は多様である。身分制の解消、貴族の特権の消滅と同時に閉鎖的軍人階級の概念も消えていく。武装して国を代表するのは最早職業軍人の義務と特権ではない。それは武器を取りうる者すべての責務となる。[16]」

ここでユンガーのいう「生のエネルギーへの転換」とは、後の『労働者』においても重要な観念の一つとなるが、要するに、すべての個人が、また生活のあらゆる領域が一つの統一された全体へつながることをいう。第一次世界大戦は、ユンガーも明確に認識していたように、史上初の総力戦といわれる。すべてが戦争遂行の手段とされ、戦闘員と非戦闘員の区別も無意味となった。時代遅れの拘束は、君主制であろうと身分制であろうと、無意味であるばかりか有害でさえあるのだ。全体的動員体制の向こう側にユンガーが見通すのは、一個の要塞国家あるいは国家自体が一つの巨大な工場と化した姿である。この全体的動員のありようを、ユンガーは「広く分岐し、多方面に走る電流の網を配電盤のただの一つの操作によって戦争エネルギーの大電流につなぎ、伝える行為⑰」であると表現し、もはや近代的個人なるものは姿を消してしまったかのような国家が語られるのである。

ドイツは第一次世界大戦の敗北を乗り越え、新しい力を世界に示すことを使命としてもつ、とユンガーはいう。ここにいう新しい力とはドイツ民族の根源的力であり、この力こそ全体的動員国家、要塞国家を内側から創造し、支える。王も貴族も市民ももはや存在しない。すべてが全体的動員国家を構成する「労働者」となって、一個の巨大建築物を現出させる。これがドイツの自己表現である⑱。

「戦争目標の弁証が意義を得る次元のはるか奥底で、ドイツ人は一つの強大な力に出会った。彼は自分自身に出会ったのだ。それゆえ、この戦争はドイツ人にとってとりわけ自己を実現する手段となった⑲。」

以上述べてきた彼の『全体的動員』は主著『労働者』の主張、構図を伝えるものを十分もっている。ここで言及されている「生のエネルギーへの転換」、「全体国家」、「労働者」、「ドイツ民族の根源的力」、そして西欧に対する敵意と十九世紀的ブルジョア文明の拒否といった種々の概念はそのまま『労働者』において全面展開されることになる。そこで『労働者』に目を転じてみよう。

浩瀚な書物である『労働者――支配と形態――』はさまざまな世界の現象に触れているが、核心は一点に絞られている。それは十九世紀的市民的文明に対してドイツ的なもの、あるいは新時代の人間のありようを「形態(Gestalt)」としての「労働者」として示すこと、これである。ただし、この場合の「労働者」とは、ユンガーが前線体験で得た、いわば戦士の理念型ともいうべきもので、通常の「労働者」とは全く異なる概念である。ユンガーは『労働者』の第一頁から次のようにいう。

「第三身分の支配はドイツにおいては、生の豊かさ、力、充実を規定している内奥の核心には達することができなかった。過去百年のドイツの歴史を振り返ってみて、我々は悪しき市民であったと胸を張ろう。我々には(市民という)衣は似合わない。この衣はいまや最後の一糸まで脱ぎ捨てられ、その切れ端の下には荒々しくも純粋な本性がすでに現われている。[20]」

ドイツは市民たることを捨て去り、代わって労働者たることを選択しなければならない。ユンガーは「労働者」こそ根源的な力とかかわっているとし、その上でそれを市民によって構成される「社会」と対置している。新時代の特徴は、市民社会が死刑を宣告されることである。市民社会に代わって、「労働者」によって担われる国家が出現しなければならないのである。こうしてユンガーは戦闘を担う「労働者」と交渉を行う市民、そして市民が担う社会と「労働者」が構成する国家という対置を軸にして、「労働者」に「形態」や「類型」といった言葉を当てていきながら、新時代のイメージを語るのである。

ユンガーが語る新時代のイメージとは、さきに述べた全体的動員国家のイメージなのであるが、ただこの『労働者』の場合は、全体的動員というきわめて動的なイメージの裏側にこれまたきわめて静的な秩序イメージが潜んでもいる。[21] この動と静の重なり合いがこの著作に奥行きを与えているといってもよいが、その点はここでは措くとして、この「形態」についてユンガーは、それが全体的なもの（Totalität）であり、単なる部分の総和以上のものを含んでいることを指摘している。[22] そしてそうした発想に立って、十九世紀的個人に代わる二十世紀的「形態」として「労働者」を強調するのである。「真の対立は個人か共同体かではなく、類型か個人かである。[23]」というわけである。したがってここでいう「形態」や「類型」にはすでに一定の秩序が読み込まれており、この秩序においては職業や階級による違いはもはやなく、「あらゆるものが労働として現われ」、労働者の「形態」が全世界に貫徹するのである。[24] たとえばこうである。

「どの程度まで銀行や為替局の幾千の書類をスタンプ押機の下に押し込んでいる人を役人とみなし、金属工場の型抜き運動を繰り返している人を労働者とみなせるか。どのような視点からこれらの行為を区別することができようか。（原文改行）ここに関連してくるのは、個人的能力という概念は徹底的に変化しはじめているということである。このような現象の本来的な根拠は、行為の重心が個人的労働という性格から全体的労働という性格（der totalen Arbeitscharakter）へ移っているということである。[25]」

この「全体的労働」のなかで個人は多様性も個体性も失い、均質化され機械化された「類型」を刻印されることになる。個体性なるものの徹底的な破壊と全領域の平準化の上に、単一の労働過程がすべてを覆い、大いなる計画によって統制された工場的景観が国家の姿として現われる。[26] こうした「形態」による世界の動員こそテクノロジーの本質であるとユンガーはいう。

「労働者」の「形態」は、こうして一方では形而上学的力として一切のものを動員するのであるが、それ自体はこの運動に隠された静的な存在として表現される。このような「形態」のうちにユンガーは「別の人種」や「包括的生の統一性」あるいは「根源的な力」などの概念を重ねていくのである。ここに「有機的世界と機械的世界の融合した」統一体[27]をみることができよう。このような二十世紀的技術とある種のプリミティズムの結合がユンガーの独自の世界であるといえようが、ここで何より強調しておきたいのは、この世界においては人間は個体性や個人的生の一回性といったことが否定され、完全に交換可能であることが「徳」として要求されるとともに、「純粋に受動的であることが新しい形態によって要求される」[28]ということである。人間は大いなる秩序の一機能として、抵抗することも、その秩序を問うことも許されないのである。

ユンガーについての叙述がいささか長くなったが、ここでアレントの「労働」概念に目を転じてみよう。彼女の「労働」概念の特徴を明瞭にするために、他の二つの行為類型について若干の説明をしておく。モノの製作をもっぱらとする「仕事」は、アレントによれば、目的・手段カテゴリーの枠内にある行為であり、「活動」は言語による相互主体的行為である。これに対して、「労働」は生命の必要に従事する行為であるとされる。つまりアレントの「労働」概念には一定の耐久性をもったモノの生産や他者との協同などといった含意が著しく欠けており、さらに目的・手段カテゴリーからもはずれるため、そこには通常の意味での目的なるものも欠けていることになる。「労働」とは世界に何の痕跡も残さない消費財の生産をもっぱらとする行為であり、それは生命の自然的循環に身を委ねる無目的的行為であるとされるのである。アレントはテクノロジーが支配する現代社会をこうした行為が全般化した社会であると捉える。「労働」が全般化した社会についてのアレントの記述のいくつかを引き出してみよう。

「生命とは至るところで耐久性を使い尽くし、それを消耗させる一つの過程である。そして死んだ物体とは、結局のところ、小さな、単一の循環する生命過程の結末にほかならず、それは一切を含む自然の巨大な円環のなかに帰ってゆく。[29]」

「人間も他の生物と同じように、自然の定められた循環のなかに留まり、甘んじてその循環を経験できる唯一の様式であり、ちょうど、昼と夜、生と死が相互に交代するように、人間もそれと同じ幸福で目的のない規則性をもって、働き、休み、労働し、消費することのできる唯一の様式である。[30]」

「個人の制限された生命ではなく社会全体の生命が蓄積過程の巨大な主体であると考えられてはじめて、この過程は、個人の寿命と個人が所有する財産によって押しつけられる制限から解放されて、完全に自由となり、全速力でその進路を歩むことができる。この場合、人間はもはや、自分自身の生存にのみかかわる個人として活動するのではなく、『種の一員』として、つまりマルクスがよくいっていたように類的存在として活動する。[31]」

いうまでもないが、この際マルクスとの関係は考慮する必要はないであろう。最後に、機械化との関連で一つ引用しておこう。

「将来のオートメーションの危険性は、大いに嘆き悲しまれているような、自然的生命の機械化や人工化にあるのではない。むしろ、その人工性にもかかわらず、すべての人間的生産力が著しく強度を増した生命過程のなかに吸収され、その絶えず循環する自然的サイクルに、苦痛や努力もなく、自動的に従う点にこそ、オートメーションの危険性が存在するのである。機械のリズムは、生命の自然のリズムを著しく拡大し強めるであろう。㉜」

そしてこの労働社会は、その構成員に純粋に自動的な機能の働きを要求する、という。つまり全体が諸機能からなる一者となり、さながら一つの巨大な工場のような相貌を呈するのが労働社会なのである。

こうしてアレントは生命の循環とオートメーションによる自動化を重ね合わせることによって、生命の維持というきわめてプリミティヴな行為とされた「労働」概念のなかにテクノロジーによって一元的に支配された現代社会の姿を読み込んでいく。生命とテクノロジーの合一、人間の機能化、社会全体の一者化、工場化といったアレントの思考様式に、先にみてきたユンガーの世界を重ねることはあながち唐突ではあるまい。ユンガーが描いた人間、すなわち画一的で交換可能な機能としての人間という姿は、そのままアレントの描く労働社会における人間の姿でもある。それではユンガーにとっては十九世紀からの解放であり、「英雄的リアリズム」でもあった人間の機能化は、アレントにとっては何を意味していたか。すでに「逆説的主体性」という言葉で彼女の批判的視点を指摘したが、アレントにとってユンガー的世界はたしかに十九世紀的世界からの解放ではあるかも知れないが、その行き着く先に彼女が見出したのは、社会が要求する機能への無目的的な一体化と自己を失った人間の孤独がもたらす、おそるべきニヒリズムであったといえるであろう。彼女が大衆社会の特徴として述べる、個体性の破壊、すなわち「見捨てられていること」や「孤独」あるいは「他者とのつながりの喪失」といったことは、そしてその裏返しとしての大衆の一者化といったことは、人間そのものを「余計者」にしてしまう一種の形而上学的力の支配する世界が現出するための条件にほかならない。ユンガー的解放は、アレントにとっては二十世紀の「根源悪」への揺籃であったばかりでなく、テクノロジカルな機能化がすすんだ第二次世界大戦後の世界において顕著となる脅威の正確な描写なのであった。「労働社会の最終段階である賃労働人の社会は、そのメンバーに純粋な機能の働きを要求する」[33]のであり、その社会では「個体が自分から積極的に決定しなければならないのは、ただその個別性…（中略）…を放棄するということだけ」[34]なのである。そしてこうした社会認識の下で、全体主義とは「運動もなくテロもなくても大衆社会から生まれる」[35]かもしれないものとして意識されることになるのである。

アレントとユンガーを比べてみたとき、今一つ指摘しておかなければならないのは、ユンガーの描き出した個体性の消滅という事態は、アレントに対して、ではいかにして個体性の救出は可能かという問いを突きつけずにはおかないということである。十九世紀的秩序の破壊、そしてそこからの解放を求めるという点ではアレントはユンガーと軌を一にする。しかし「偽りのアイデンティティ」の破壊は個体性の破壊によってのみ遂行できると語るかのようなユンガーに対して、アレントは個体のもつ「アイデンティティ」の放棄は断固拒否するのである。アレントにとって「偽りのアイデンティティ」とはむしろユンガー的な機能への過剰な同一化、人間の部品化であったといってよい。とすると、個の解放とは何か。社会から要求される機能を拒否するとき、個を救済するのは何か。アレントは政治の復権としての「活動」概念によってこの問いに答えようとしたのである。

2　政治の復権——アレントとシュミット

これまでアレントにおける「個」の復権というべき側面をユンガーとの比較においてみてきたが、さらに彼女の思想をシュミットとの比較において捉えることで、彼女における「政治」の復権という側面の特質を明らかにしたい。

ところでシュミットの著作は、これまで多くの場合、ワイマール共和国の政治状況およびその崩壊との関連において理解されてきたため、その著作はワイマール共和国の崩壊を準備した「墓掘人」として扱われたり、またときにはその反対にナチズムに対して一定の枠を与えようとしたものとして扱われたり、というように評価の揺れのなかを行き来した。[36] 近年ではシュミットを当時の政治状況と直結させるのではなく、「法学者」としての背景から理解しようとする試みもある。[37] そうした事柄については本書は論評を差し控えざるをえないが、アレントとの関係でいえば、シュミットの経済合理主義ないしは自由主義批判および政治の復権という視点が重要である。

まずは一九二三年の『現代議会主義の精神史的地位』を取り上げよう。この著作が親ナチ的かどうかはともかく、少なくとも反自由主義的であることは確かである。この著作においてシュミットは徹底した自由主義＝議会主義批判を行い、墜ちた自由主義から民主主義を彼なりの仕方で救出しようとするのである。彼の議会批判は、その根本であり、かつ自由主義にその淵源をもつとされる公開性と討論の原則に対する批判によって遂行される。すなわち、一方でワイマール共和国の現実として、議会が諸政党およびその追随者たちの利得追求や妥協の場となり、無用の長物となってしまっていることが指摘され、他方で、この公開性と討論という原則自体が本質的に個人主義的な自由主義のたまものであり、支配者と服従者の同一性を意味する民主主義とは相容れないとされ、真の民主主義を独裁において捉えようとするのである。この著作においてシュミットは自由主義的議会主義に代わるものとして、独裁を挙げるのであるが、またこれとは異なるものとして非合理主義的直接暴力の思想的系譜も議会主義に対置されるべきものとして考察している。とくにソレルの暴力論が取り上げられ、暴力と生の密着性、さらには暴力の創造性が言及される。[38]

さて、このようなシュミットの議会主義＝自由主義批判には、政治を利益社会の領域から分離し、より純粋な形で取り出そうとする意図をみることができる。その政治が「例外状況」（＝規範的無）としての戦争において明確に現われるところの「友・敵」の区別であることはいうまでもない。政治的なものとは、道徳や美醜とは関係なく、「それを根拠として人間たちが命を捧げるよう要求され、血を流し、他の人々を殺戮せよと強制されるような対立[39]」である。むろん、敵とは総体としての公的な敵であり、私的な怨恨などはまったく問題外である。こうした政治観にたってシュミットは、「友」としての人間の結束が決定的であるとし、また国家をそうした結束の、つまりは決定的な単位とみなす（いうまでもないが、内乱の可能性は排除されない）。国家が宣戦布告をした場合は、国民としての結束が決定的な結束になるわけである。[40] かくして絶対的な対立、闘争において捉えられた政治は国家という単位を絶対的なものにするとともに、その政治権力は、それが物理的に生死を左右するがゆえに、利益社会よりも上位にあるとされる。この闘争に関して、『現代議会主義の精神史的地位』でのソレルに関連したシュミットの言葉、「闘争と結びついている戦闘的・英雄的表象は、ソレルによって再び強烈な生の真の衝動として真剣に取り上げられた[41]」という言葉もここで確認しておきたい。暴力と生という関係はアレントにおいても重要な論点となるからである。

ところで、このように闘争を一つのキー・ワードとして政治を捉え、議会主義を否定し、独裁をありうべき政治形態として取り上げていたシュミットは、一九三三年、ナチス党が政権を取ると、『国家・運動・民族』を著し、ナチ政権に国法学的基礎を与えようとした[42]。この書物でシュミットは、ナチス党によって支配された国家を、国家と民族と運動の三位一体として捉えていこうとするのである。つまりシュミットは十九世紀的自由主義国家に代わる新しいドイツを、国家と民族を包摂するところの「運動」としてのナチズムのうちに見出そうとするのである。むろん、シュミットは「運動」に国家と民族とを解消してしまうわけではないが、この著作の次の文章は「運動」の重要性を語っている。

「とりわけ運動は、国家でもあり民族でもある。今日の国家（政治的統一という意味での）も今日のドイツ民族（『ドイツ帝国』の政治的統一の主体という意味での）も考えられないであろう。[43]」

シュミットによれば、十九世紀的自由主義国家とは、個人の自由と国家との対置や公と私の対置にみられるように、国家を拘束する規範と自由な個人という二分法に立脚した立憲体制である。議会は非国家的社会の代表にすぎず、国家は非政治的団体に服し、政治はまさに「日々の妥協」となってしまっていると批判する。そして

「国家と個人の対立において首尾一貫している『法治国家』の二分構造は、政治的に強力で、非国家的ないし超国家的な組織が支配している政治的社会的生の現実に対しては全く妥当性を欠き、何の接点ももたない(inkommensurabel)のである。[44]」

という。そしてこうした法治国家の対極におかれるのが、「運動」によって新しい血を注がれた、国家と民族の統

一体なのである。ここにおいて立法と行政の区別や法と政治の区別は意味を失い、「民族的、人種的帰属性」を基盤として指導者と服従者が無条件に一体となった、指導者国家が現われるというのである。[45]

以上、シュミットの議論をきわめて概略的ではあるが、政治の自律性（優位性）、戦争としての政治、「運動」としての国家という三つの点にまとめて祖述した。ではアレントはこれらの点についていかなる見解を示しているであろうか。まず前提として両者の共通認識を確認しておけば、彼らはともに私的利益の競合する経済社会に対して批判的であり、また私的利益の保護を思想的柱とする自由主義に対しても批判的であった。彼らはこぞって私的なものを超えた公的なものを強く主張している。とりわけアレントにとって公的なものを忘れた私的なものへのこだわりは、近代の病理としての「主観化」すなわち「世界疎外」の現われである。この点は、彼女が政治的ロマン主義に対するシュミットの批判（主観への逃亡と現実に対する無力という、近代の病理としての「機会偶然論」）を高く評価していることからも窺える。[46] 私を超えた公としての政治の復活、これが両者に共通の前提なのである。

しかし両者の相違もまた大きい。政治の政治たる所以を戦争のうちにみるシュミットは、「公的」敵に対する「友」の結束という形で社会の公的総括を図ろうとする。それは言い換えれば、戦場の結束といってもよいであろう。[47] 指摘したように、ここに国家という単位が絶対化されてくるのである。ソレルの暴力論についてのシュミットの言葉にみられるように、ここには彼の英雄主義的志向をみることもできよう。これに対してアレントは、戦争にも戦場の結束や英雄主義にも明確に批判的である。彼女の批判は二点に整理できる。第一点は近代戦争における死の無意味化である。彼女は近代戦争について、人々が目的達成のために敵・味方に分かれて闘う場合は、たとえ言論活動がそのために行われても、それは「活動」の手段化であるとし、そのような「制作化」した「活動」は行為者の「誰であるか（Who）」を顕わにせず、無意味であるとしている。そしてこのことに関連して、アレントは無名戦士の記念碑に言及し、これは栄光への欲求、すなわちWhoを見出したいという欲求を表しているが、この記念碑は何も顕わにせず、無名戦士は「誰」でもないとし、彼らは功績ではなく、人間的尊厳を奪われたのであるという[48]。これはむしろエルンスト・ユンガーの認識に近いともいえる。

批判の第二点は、戦場での栄光の非永続性という点にかかわる。アレントは個人としての「死」は孤独や無力を表わすものであっても、戦場における「死」が帰属集団との関係で、ある種の有意味さ（不死性）、あるいは「兄弟愛」を生み出すことをある程度は認めつつも、「死」については、そもそも、それが世界から去る、仲間から去るという意味で非政治的なものであると一貫して考えている。そして何より、そのような「兄弟愛」は、一時的なものであって、けっして政治的な制度の基盤たりえないとして批判している[49]。これらは明示的にシュミットに言及しての議論ではないが、しかしアレントはナチズムを法的制度を破壊する「運動」として捉える視点との関連で、シュミットの『国家・運動・国民』に言及していること[50]を考えれば、一時的な兄弟愛や集団の一員として死ぬことへの批判は、「戦争としての政治」や「運動としての国家」への批判ともなっていると捉えても、あながち不自然ではないであろう。つまり「運動」は永続的共同体とはなりえないという批判である。これはアレントにおける「運動」と国家の対置という全体主義批判の視点に通じるものであることはいうまでもない。さらにアレントはソレルにみられる暴力と生命との結びつきに対しても批判を加える。これはシュミットのソレル論にあったような暴力を生の衝動として理解する仕方への批判にもなっている。生命の論理を政治に持ち込むのは、政治体を有機体的に理解したり、あるいは人間の個人としての固有性を無視し、生物的同型性、同質性によって個々人を括ることで「人種的共同性」を作り出したり、さらには個々人によって共有されるべき客観的制度の無視につながるものとして、アレントにおいては厳しく拒否される。[51]

そうであるとすると、アレントは公的なものをどう構成しようとしていたのか。シュミットとの比較という視点において確認しておくべきは、第一に、「死」を軸にした共同体への批判である。いうなれば「戦士」の共同体という考え方への批判である。つまり彼女が提起しているのは、共同体の基としての「祖国のために死ぬ（pro patria mori）」[52]という思想への拒否であるといってもよい。第二は政治の世界に生物学的メタファーを持ち込むことへの拒否である。これは一つには右に述べたように、生物的同型性、同質性による「共同性」の創出へのアレントの峻拒であり、また他方でキリスト教以来の生命礼讃への批判などにもみられるように、個的「生命」の維持を図るための手段としての政治という発想への批判である。[53]むろん、生物的同質性の主張を批判することと個の「生命」を尊重することとが同じであるとは言い難い。それは彼女の思想において個々人の誕生が「はじまり」としての「生誕（natality）」という概念によって捉えられている点からも、「生命」のもつ重要性は明らかであるが、アレントにおいては「生命」は「世界」と関連づけられる場合と生物学的個体に関連づけられる場合とがある。彼女において積極的意味をもつのは前者の場合である。その意味で個的な「生命」維持はアレントの議論では生物学的範疇において捉えられており、その限りで批判される。これらの批判を裏返してみれば、アレントが積極的に求めたものが現われてくる。すなわち、客観的制度の共有による共同性という思想である。彼女の「運動」批判や生物学的人間把握への批判にみられるように、同型性や同質性による人間の括りを拒否し、制度の共有による共同性を模索するというあり方である。彼女のこうした志向性は、『革命について』のなかで展開されている、「公的自由」の空間としての国制＝憲法という政治体を強調する議論などに典型的に現われているといえよう。

しかし、ここで注意しなければならないのは次の点である。すなわち、政治の復権として公的な政治体を求めたアレントとシュミットであったが、公的な政治体への希求は、シュミットにあってはあくまで憲法論を含む国家論へと結実していくのに対して、アレントの場合は、あくまで人間論の一環として展開されるということである。言い換えれば、「公的人間」の「基盤」としての政治体ないしは客観的制度というのが、アレントの特徴であり、またこれこそがアレントとシュミットとのもっとも大きな違いであるといって良いかも知れない。アレントはこの政治体を「共和国」として概念化し、それを基盤として成立する「公的人間」像を示そうとする。ここにアレントの共和主義が顕わとなるのである。

注

（1） Sontheimer K., *Antidemocratisches Denken in der Weimarer Republik: Die politischen Ideen des deutschen Nationalismus Zwischen 1918 und 1933*, Studienausgabe, Nymphenburger Verlagshandlung, München 1968. K・ゾントハイマー、川島・脇圭平訳『ワイマール共和国の政治思想』ミネルヴァ書房、一九七六年、一一八頁。

（2） EUTH, S. 531（邦訳三、四三頁）.

（3） EUTH, S. 530（邦訳三、四三頁）.

（4） EUTH, S. 532（邦訳三、四五頁）.

（5） アレントは、マルクスが人間を労働という視点から定義づけ、人間を「労働する動物（animal laborans）」として捉えていると批判している。アレントのこうした批判には次のような逆批判がなされている。

①マルクスはけっして労働を生物学的次元で捉えてはいないという批判。この批判は、アレントの「仕事」と「労働」との区別にもかかわる。マルクスにおいて労働は人間の目的意識的な活動として把握されているのに対して、アレントはそうした特徴をあくまで「仕事」の特徴として考え、「労働」は自然によって強制されたものでしかない

という。

②マルクスの労働概念は、アレントの「労働」「仕事」「活動」の三つを含むものであるという批判。アレントがこれら三つを分離したのに対して、マルクスは相互連関的に捉えていたという批判である。

③アレントの「労働」概念の狭隘性に対する批判。目的意識をもたず、他の活動から分離されている「労働」なるものはそもそも存在しうるのかという批判である。

しかしアレントの「労働」は純粋に人間の行為類型として考えるよりも、その概念が提起する人間像やその政治的含意にこそ注目すべきであろうと思われる。なお、右に整理したアレントに対する批判は次の文献からとった。See, Bakan, M., "Hannah Arendt's Concept of Labor and Work"; Parekh, B., "Hannah Arendt's Critique of Marx," in Hill, M., edited, *Hannah Arendt: The Recovery of the Public World*, St. Martin's Press, New York, 1979; Parekh, B., *Hannah Arendt and the Search for a New Political Philosophy*, Macmillan,1981; Tlaba, G. M., *Politics and Freedom: Human Will and Action in the Thought of Hannah Arendt*, University Press of America, Lahnam, 1987. アレントとマルクスの関係については、むしろ哲学と政治の関係をどう考えるかというアレントにとっての根本問題との関連の方が重要であろう。アレントによれば、プラトンにはじまる反政治的哲学の伝統は、哲学を「実現」すべく哲学に反旗を翻したマルクスによって終焉するのである。この点については次の文献を参照。川崎修「ハンナ・アレントはハイデガーをどう読んだか」『思想』一九八九年六月号。Voir, Taminiaux, J., *La fille de Thrace et le penseur professionel: Arendt et Heidegger,* Edition payot, Paris 1992.

(6) 脇圭平『知識人と政治』岩波新書、一九九一年(初版は一九七三年)。

(7) ユンガーの思想については次を参照。脇前掲書。八田恭昌『ヴァイマルの反逆者たち』(世界思想社、一九八一年)、川合全弘「ワイマール共和国におけるエルンスト・ユンガーの政治思想」(法学論叢第一一二巻第六号)、同「エルンスト・ユンガーのナショナリズム論(一)」(産大法学第二五巻第三-四号)(二)(同第二六巻三-四号)、奥野路介「機械と純系『全体主義』の回廊とはなにか——ヨハンセン・ユンガー・アーレント」、杉田敦「冷たい水晶——ユンガーというテクノロジーの批判装置」、ともに『現代思想』一九九三年二月号、小野紀明『現象学と政治——二十世紀ドイツ精神史研究』（行人社、一九九四年）。スローターダイクはユンガーを「近代シニシズムの思想的巨匠」として言及している（Sloterdijk, P., *Kritik der zinischen Vernunft*, Suhrkamp Verlag 1983（高田珠樹訳『シニカル理性批判』ミネルヴァ書房、一九九六年、四五二頁以下））。ちなみに一九九八年にユンガーが死亡した際の『ツァイト誌』はユンガーを「モデルネの最高の敵」として紹介している（*Die Zeit*, 1998, 2. 19）。

（8）EUTH, S. 529（邦訳三、四一頁）。

（9）EU, p. 260.

（10）Jünger, E., In Stahlgewittern, *Sämtliche Werke* Bd. 1, Klett - Cotta Stuttgart, 1978, S. 11.

（11）フリッツ・リンガー『読書人の没落』前掲、一二二頁。

（12）戦争の現実に対するユンガーの醒めた認識については川合の前掲二論文が詳しく論じている。本稿でも参考にさせていただいた。

（13）Herf J., *Reactionary Modernism: Technology, Culture, and Politics in Weimar and the Third Reich*, Cambridge University Press, New York 1984（中村幹雄・谷口健治・姫岡とし子訳『保守革命とモダニズム——ワイマール・第三帝国のテクノロジー・文化・政治』岩波書店、一九九一年）。

（14）Jünger, E., *Die Totale Mobilmachung, Sämtliche Werke*, Bd. 7, Klett - Cotta, Stuttgart, 1980, S. 121（田尻三千夫訳『現代思想』一九八一年一月号を参照したが、多少手を加えているところもある）。

（15）A. a. O., S. 124-125（邦訳一六四頁）。

（16）A. a. O., S. 125（邦訳一六五頁）。

（17）A. a. O., S. 126（邦訳一六五頁）。

（18）A. a. O., S. 128（邦訳一六六頁）。

（19）Jünger, E., Der Arbeiter: Herrschaft und Gestalt, *Sämtliche Werke*, Bd. 8, Klett-Cotta, Stuttgart 1981, S. 17.

（20）A. a. O., S. 40. 「我々が運動に身を捧げれば捧げるほど、我々は次のことを心底確信しなければならない。すなわち、静謐なる存在は運動の下に身を隠し、運動の速度を上げるということは不変の原言語（Ursprache）の伝達である。」
(21) A. a. O., S. 38.
(22) A. a. O., S. 240.
(23) A. a. O., S. 107.「あらゆるものが労働として現われる。」「全体的労働は、労働者の形態が世界に貫徹しはじめる仕方なのである。」
(24) A. a. O., S. 108.
(25) A. a. O., S. 203. ところで、ユンガーの描く世界像は、「動員」や「統制」をキー・ワードとしているように、国家統制に基づいた計画経済という、ある意味では二十世紀的国家像を彷彿とさせるものがある。宮崎義一によれば、ケインズも「国家」と「計画」が二十世紀のキー・ワードであると述べていたという。参照、宮崎義一「ケインズの国家観」河野健二編『ヨーロッパ――一九三〇年代――』岩波書店、一九八〇年。
(26) A. a. O., S. 181.
(27) A. a. O., S. 166. ユンガーの議論における個体性の否定や「生」や出来事の一回性の否定は、当時の技術進歩による生活様式や労働様式の変化を捉えたものとみることができる。たとえば、機械化による単純作業の増加、映画産業の登場、モータリゼーション時代の幕開け、報道産業の発達等の事態が想起されよう。いうなれば「複製技術時代」（ベンヤミン）の社会像が投影されているとみることができるのである。また、いささか余談めくが、工場化、機械化された社会のなかで歯車として行動する人間という像は、フリッツ・ラング監督の映画『メトロポリス』（一九二六年）と重なる部分が大きいように思われる。
(28) ユンガーのこのような労働者像は彼がみた第一次世界大戦における戦士像でもある。全体的労働とは全体的闘争であるとユンガーはいう（S. 115)。
(29) HC, p. 96（邦訳、一〇四頁).
(30) HC, p. 106（邦訳、一一三頁).
(31) HC, p. 116（邦訳、一二〇頁).

(32) HC, p. 132（邦訳、一三四頁）.
(33) HC, p. 322（邦訳、三五七頁）.
(34) HC, p. 322（邦訳、三五七頁）.
(35) BW, S. 285.
(36) シュミット評価のブレについては、さしあたり山下威士『カール・シュミット研究』（南窓社、一九八六年）序章、および中道寿一『ワイマルの崩壊とC・シュミット』序を参照。
(37) シュミットはソレルの暴力論に関連して次のようにいう。「創造的な暴力は、熱狂した大衆の自発性から発生するものであるが、したがってまた独裁とは異なったものである。…（中略）…独裁は、合理主義的な精神から生まれた軍事的＝官僚的＝警察的な機械に外ならないが、これに反して大衆の革命的な暴力行使は、直接的な生の表現であって、しばしば粗暴で野蛮であるが、決して組織的に残忍であったり非人間的であったりすることはないのである。」(Schmitt, C., *Die geistesgeschichtliche Lage des heutigen Parlamentarismus*, Siebente Auflage, Dunker und Humblot, Berlin 1991（Erste Auflage 1923）S. 84（稲葉素之訳『現代議会主義の精神的地位』みすず書房、一九九二年、九六頁）。
(38) 和仁陽『教会・公法学・国家――初期カール・シュミットの公法学』（東京大学出版会、一九九〇年）。
(39) Schmitt, C., *Der Begriff des Politischen*, Verlag von Dunker und Humblot, München und Leipzig 1932, S. 23（田中浩・原田武雄訳『政治的なものの概念』未来社、一九八二年、三〇頁）.
(40) シュミットはエミール・レーデラーの次のような言葉を引用している。「動員令がでると同時に、その日まで存在した利益社会が共同体にかわるといってよかろう。」Ibid., S. 32（前掲田中・原田訳、四七頁。なお、注番号はここで参照した原著と邦訳とでは異なっている）。
(41) Schmitt, C., *Die geistesgeschichtliche Lage des heutigen Parlamentarismus*, op. cit., S. 83（邦訳前掲、九四頁）.
(42) *Staat, Bewegung, Volk: Die Dreigliederung der politichen Einheit*, Hanseatische Verlagsanstalt A.-G., Hamburg 1933. この著作については、丸山真男が「シュミット『国家・運動・民族』訳者まえがき」（もっとも伊藤はこの訳書は入手

していない）で指摘するように、ナチが党を前面に押し出すのとは対照的にシュミットは国家を強調する。この点でナチとシュミットとの間には一定の落差があることになる（『丸山真男集』第一巻所収、岩波書店、一九九六年）。たしかにこの著作においてシュミットは「党」を「公法上の存在」として国家の監督下においている（S. 20）。これをナチへの抵抗とみるかどうかは微妙だが、リチャード・ウォーリンは、この著作はシュミットの全体国家の理論とナチの党イデオロギーとを調和させようとしたものであるという。See, Wolin, R., *The Terms of Cultural Criticism: The Frankfurt School, Existentialism, Poststructuralism*, Columbia University Press, New York, 1992, p. 100.

(43) *Staat, Bewegung, Volk*, op. cit., S. 12.

(44) A. a. O., S. 26.

(45) A. a. O., S. 42-45.

(46) EUTH, S. 280（邦訳二、七三頁）. とはいえ、シュミットのロマン主義批判にもかかわらず、たとえばクロコウ（C. G. von Krockow）はハイデガー、ユンガー、シュミットの思想を「決断主義」として一括して論じる著書（*Die Entscheidung: Eine Untersuchung über Ernst Jünger, Carl Schmitt, Martin Heidegger*, Frankfurt am Main, 1990（初版は一九五八年））のなかで、これら三人をともどもロマン主義の思想潮流のなかに位置づけている。ユンガーについては「純粋な動態のなかへの解消」という点で（S. 50）、シュミットについては敵の全否定（S. 56）と「民族の意志の実体化」（S. 64）でもって、ハイデガーについては可能性の優位という点で（S. 76）、これら三人はロマン主義者であるとして批判し、「決断主義は歴史主義の登場、主観性への傾向、そして『最初の』ロマン主義の登場に萌芽をもつ展開の最終的かつ積極的な帰結である。」（S. 85）という。もっとも、このクロコウの著作に対しては今日では否定的な見解が多いようである。参照、和仁前掲書、小野前掲書。

(47) ゾントハイマーは戦場での結束について次のような体験を記している。「これまでただ自分のことだけを考え、自分の中に憩っていた《私》（Ich）は、戦場の連続連射の中で一つの《われわれ》（Wir）に溶解し、戦友愛の絆によって結び合わされる。」（ゾントハイマー、川島・脇前掲邦訳、九五頁）。

(48) HC, pp. 180-181（邦訳、二〇七頁）.

(49) CR, p. 164-166（邦訳、一四七－一四九頁）.

(50) EUTH, S. 402.（邦訳二、二一一頁）.

(51) CR, pp. 172-173（邦訳、一五四－一五五頁）。また、『全体主義の起源』における「国家」と「国民」の衝突に関する議論や『革命について』における世論に対する客観的制度としての憲法体制の重要性などにアレントのこうした視点は現われている。

(52) この思想についてはE・H・カントロヴィッチ、甚野尚志訳『祖国のために死ぬこと』（みすず書房、一九九三年）参照。

(53) HC, pp. 313ff（邦訳、三四八頁以下）.

第三節　「活動」の共和主義的解読

アレントはすでに『全体主義の起源』において、後に「活動」として概念化される彼女の政治観の基本的な骨組を提示している。これまで述べてきたところからも推測できるように、アレントにとってまず政治的共同体は地上の故郷として重要な位置を占める。むろん、これは全体主義とは対極にある共同体であり、政治的共同体への帰属こそ人間に権利とアイデンティティを保障するのである。もっとも共同体への帰属といっても、彼女の場合、先にも引用したように、「人間がその行為と意見に基づいて人から判断されるという関係」において生きるということを意味している。ここでいう関係とは、一つには市民の力を同一とみなしうるような、支配服従を伴わない空間のことであり、その意味ではこのような空間は「共和国の法律」であるといってもよい[1]。しかし他方で、こうした空間は人々の言論による相互行為を通じた「人と人との間」（関係の網の目）としての「現われの空間」であるともいわれる[2]。この「現われ」という現象学的用語からわかるように、政治なるものをみるときのアレントの視点には、共和主義的視点と現象学的視点との重なりがみられる。この重なり合いの構造を明らかにすることも重要な課題であるが、まずはこれまでの論述を受けて、共和主義的契機に着目して、「活動」の意味を解読してみよう。これまで共和主義的な視点からみたときの「活動」概念は、現象学的視点からみたときのそれに比べ従来必ずしも十分な記述を得ているとは言い難いので、こうした試みもアレントの思想世界の解明に資するところがあろう。

さて、アレントのいう「活動」が「活動的生活（vita activa）」のなかではただ一つ、言論を介した人と人との相互行為であり、この相互行為において各人の「唯一性（uniqueness）」が現われるところの「現われの空間」が生じるとされていることはこれまでも言及してきた。各人の「唯一性」を現わすこの「活動」は、相互の関係のなかでのみ成立するものではあるが、各人は自らの「唯一性」を示すべく、各々卓越性を求めて、アゴーン的精神をもって相互に相渉るとされる。ここに「活動」の卓越性志向的性格や英雄主義的性格が出てくるのである。アレントの「活動」が「唯一性」や卓越性を強調するのは、個のはかない生の意味を、宗教的、超越的観念に訴えることなく救済しようとする意図から出たものであるが、彼女のこの強調についてはいくつかの背景を指摘しておかなければならない。一つはこの「唯一性」の強調は、さきに論じたユンガー的世界における個体性の消滅の対極にあるということである。個体性の消滅こそ来たるべき時代の姿であるとするユンガーに対する、アレントの強い「否」がこの「唯一性」という概念に込められているとみることができる。

今一つは、しばしば指摘されるところであるが、ハイデガーとの関係である。ハイデガーが『存在と時間』において「公共性」に頽落し自己の固有性を喪失した「非本来的」現存在と、「死」への覚悟によってこの「公共性」から抜け出て固有の自己を取り戻した「本来的」現存在のあり方とを対照させていることは、ここで説明の必要もないほど周知の事柄である。この「本来的」－「非本来的」という対照、つまり固有の自己とその喪失という対照がアレントの議論に影響を与えていることは、直接の言及はないものの、明白であろう。[3] たとえば、ユダヤ人問題において彼女が対比させた、社会に同化する「成り上がり」としてのユダヤ人と社会の外に立ち本来の自己を取り戻す「パーリア」としてのユダヤ人との関係は、ハイデガー的論理とまったく同一であるといわなくてはならない。[4] そしてハイデガーをなぞるように、彼女の「活動」概念は固有の自己を喪失した日常性の打破を主張するのである。こうしてアレントは、個体性を喪失したユンガー的世界像に対抗すべく、「固有性」（＝「唯一性」）を強く押し出すことになるのである。しかし個体が自らの個体性、唯一性を表現するのはいかにしてか。ここでアレントが持ち出すのが「卓越性」であり、またこれから言及する「武人的エートス」というべき精神である。そしてこの「卓越性」や「武人的エートス」が政治体において現われ、受け止められ、保存されること、ここに個体の不死性があり、その不死性を支える政治体の永続性をいう根拠もあるのである。

これがアレントが政治に向かう根本的態度である。そしてアレントが西欧のキリスト教的伝統ではなく、ギリシア・ローマの古典古代に自らの政治像の範を求めたのもこうした理由による。「ギリシア人にとってもローマ人にとっても政治体は生命の不死性と行いの虚しさを克服しようとする人間の必要から創設された」のであり、「政治体の外では人間の生はいかなる跡形をもとどめえないのであるから、その意味と尊厳を欠かざるをえなかったのである。」[5] もっともこう述べたからといって、アレントがキリスト教的伝統をまったく排除したということではない。たとえば、彼女の学位論文はアウグスティヌスの「愛」の概念を扱ったものであるが、[6] 彼女のアウグスティヌスへの関心は終生変わらぬものがあり、彼女の政治思想のなかで重要な働きをなす「愛」という概念にしても「始まり」としての「生誕（natality）」という概念にしてもアウグスティヌス抜きには考えられないものである。[7]

とはいえ、彼女が「生命」を諸価値の最高位におくキリスト教を政治的には積極的に評価していなかったのは事実であるし、彼女の「活動」は古典古代的共和主義の色彩がきわめて色濃いものであることは間違いない。以下、その具体的な様相をみていこう。

アレントが自らの政治像の範を古典古代に求めているという場合、その古典古代とは、多分に複合的な古典古代であるといわなければならない。そのなかでも第一に指摘されるべきはアテネの政治的経験である。それは一つには、公の領域と私の領域の明確な区別と、また、言論による相互交流のなかでリアリティと各人のアイデンティティが現われるという経験である。さしあたりこれをアリストテレス的「実践」と呼ぶことにする。ただ、この場合のギリシア的経験としての「実践」は、一定の幅をもって考えなければならない。というのは、この政治的経験には、対等の者同士の間の言論活動という要素と武人的勇敢さの顕現という要素とが、ともにポリス的経験として含まれるからである。後者の武人的勇敢さとは、いわばホメロス的英雄伝にみられるようなタイプの勇敢さという徳といってもよいし、あるいはアレントがアテネ民主政治の立役者として言及するペリクレスの言葉を彷彿とさせるものであるといってよい。ペロポネソス戦争で殉死した同胞兵士への追悼演説にみられる言葉、たとえば、

「かれらは公けの理想のために己が生命をささげて、己が名には不朽の賞賛を克ちえたるのみか、衆目にしるき《ママ》墓地に骨をうずめた。…（中略）…かれらの英名は末永く、わがポリスに思いをいたす者の言葉にも行いにも、折りあるたびに記憶を新たにする。…（中略）…自由たらんとすれば勇者たるの道あるのみ……」[8]

という言葉にみられるような共和主義である。アレント自身の「活動」概念にも、これら対等の者同士の言論活動と武人的勇敢さという二つのの要素が渾然としてみられるのである。

アレントにおける第二のタイプの共和主義として、ローマ的法制度を意味する場合が相当の比重で存在している。アレントの思想において重要な働きをするモンテスキューの「諸関係としての法」という観念も「親密な結びつき」という、アレントによればローマ的な法観念として読み替えられたり[9]、あるいは彼女の民主主義批判も国民国家批判も、それらが法よりも人民の意志を上位に置くからであることなどを考えれば、彼女の議論における法制度の重要性は理解できよう。このような複合的な共和主義の観念を前提として、まず前者のタイプの共和主義から検討してみよう。

アレントは「活動」について、それは一般的に受け入れられていることを打破する「偉大な」行為であるとし、その「偉大さ」および「偉大な」行為による栄光こそが「活動」を測る基準であるとしている[10]。彼女の「偉大さ」や「栄光」の強調は、一方で「存在するもの」一切がユニークで唯一のものであるという、個体の唯一性の強調という思想に発するものであるが、アレントの用いる表現は、それだけではなく、かなりの程度、戦場という場面を思い起こさせるものでもある。先にも言及した卓越性や英雄的といった言葉や、あるいはまた「不死の名声」といった言葉を連ねてみれば、このことは一層はっきりする。これは偶然ではなく、アレント自身確信的に「活動」を戦争（場）のアナロジーで語っているといってよい。アレントは政治的徳として「勇気」をしばしばあげるが、それはときに「万人に共通の環境から偉業の輝く栄光へと上ってくる傭兵隊長の上昇[11]」に重ねて語られ、またときには「政治的領域に入ってくる者は、誰でも自分の生命を賭ける心構えがなくてはならない[12]」とされる。そして

『不死の名声』を得る物語とアイデンティティを残そうとする人々は、誰でもアキレウスがそうしたように、自分の生命を危険に曝すだけでなく、短い生涯と夭折をよしとしなければならない。唯一最高の活動を終えてそれ以上長生きしない人だけが疑いもなく、自らのアイデンティティの主人公になり、偉大になりうるのである。[13]」

という。名声やアイデンティティあるいは記憶されることは、生命の危険という代償をともなうものである。そしてこのことは戦争（場）という場面と深くつながるものであることが暗黙の前提とされているといってよい。これは、アレントが「活動」やポリスについて語る際に引き合いに出されるのが、しばしばトロイ戦争であったり、ペロポネソス戦争であったりすることから窺うことができる。

「活動」のもつこのような武人的勇敢さは、アレントにおいては、ときにマキァヴェリ的ヴィルトゥとして、あるいはモンテスキューの政体の「原理」論と重ね合わされる形で言及される。この場合注意しなければならないのは、アレントの議論では、こうした武人的勇敢さは、対等の者同士が形成する共同の世界のなかにあるものとして語られていることである。つまり武人的勇敢さの世界は、同時に平等な市民たちの世界でもあるということである。[14] この点をまずモンテスキューとの関連でみていこう。

彼女は「活動」のもつ卓越性や栄光への志向性を、モンテスキューにならって「原理」という言葉でもって表現しているが、「原理」という言葉は、アレントによれば、動機や目的とは異なり、いうなれば政体のあり方を行為あるいは情念の次元で表現したものである。ここにアレントが「原理」という言葉を好んで用いる理由があると思われる。つまりモンテスキューの「原理」は政体論ではなく、あくまで政体を人間の行為のレベルで表現した言葉であるという点には注意を要する。政体を政体論としてではなく、行為論として展開すること、「序」でも触れたように、これこそアレントの思想的集約点であるとすれば、モンテスキュー的「原理」はアレントの思想全体にとってきわめて重要な視点を提供しているということになろう。

ところでモンテスキューは政体を三つに分け、専制政体の「原理」は恐怖であり、共和国の「原理」は平等への愛であるといい、そして栄光や卓越性への愛は君主国の「原理」であると述べている。と同時にこの君主国の「原理」は日常的政治ではなく、むしろ戦場においてこそもっともよく示されるものであるという。[15] このような共和国の「原理」と君主国の「原理」についてアレントは、別々のものとして言及している箇所もあるが、ほとんどの場合、この二つの「原理」を分けることなく、ともにポリスに現われた「原理」として述べる。[16] いうなれば市民として対等・平等な関係をイソノミアと表現し、それをポリスの属性であるとする一方、このポリスこそ卓越性の顕現する場であるとしているのである。ということは、対等な諸個人同士が言論によって相渉ることと、さきにみたような戦場の徳ともいうべき卓越性や栄光への野心とが一つの世界をなしているということである。これはたとえば、名誉や栄光といったものは、それを承認する者の存在と評価基準の存在を前提としたものである以上、公的なものであり、私的野心とは区別されるべきものであると捉えると、卓越性を発揮する層とそれを承認・評価する層との二つの層から共同体が構成されているとみることもできるし、[17] あるいはアレントの「活動」は武人の精神と市民の精神とが融合したものとしてみることもできよう。しかし、アレントは何のために卓越性を志向する武人的な精神をかくも強調するのであろうか。アレントにとって武人的精神とは何であったのか。この問いを考えるために、ここでモンテスキューと同じくアレントがしばしば言及する、マキァヴェリに目を転じてみよう。

アレントの「活動」をみる前提としてマキァヴェリ的なヴィルトゥという概念について若干の留意点を指摘しておきたい。マキァヴェリのいうヴィルトゥとは、一つには自由の政体たる共和国（res publica）に私心を離れて身を捧げるという、いわゆるシヴィック・ヒューマニズム的精神[18]の現われとしての側面と既成秩序や道徳といったものを一切欠いた、フォルトゥナに立ち向かう力や資質としての側面という二つの意味を同時に読み込む必要がある。リウィウスの『ローマ史』を素材として主として共和国のあり方を論じた『ディスコルシ』の次のような文言、すなわち、

「さて、世の中に惰弱な風潮がみなぎり、神意のほどもその威光を失墜するようなことにでもなれば、それはまさしく安逸をむさぼり気概（ヴィルトゥ）を求めずに自分たちの宗教を解釈しようとしてきた現代人のだらしなさによるものといえよう。なぜなら、もし仮に宗教が祖国の志気高揚と防衛とに果たす役割に思いをいたすなら、われわれは当然自分の祖国を熱愛し、これをたたえるのが義務であることを肝に銘ずるようになるからだ。さらに、すすんで祖国防衛に挺身するように努めるに違いないからである。[19]」

や同様の主張を表現した次のような言葉、

「つまり個人の利益を追求するのではなくて、公共の福祉に貢献することこそ国家に発展をもたらすものだからである。しかも、このような公共の福祉が守られるのは、共和国をさしおいては、どこにもありえな

いことは確かである。[20]」

などが前者のよく知られている例であろう。後者の意味でのヴィルトゥについては、マキァヴェリの名とともによく知られたもので、『君主論』の中でもとくに重点の置かれている新君主の直面する困難への対処をめぐる議論に明瞭に現われている。この二つのヴィルトゥの相違は、前者が一定の共和国の存在を前提とした政治的徳であるのに対し、後者はまさに「新」君主による秩序創出にかかわる力や資質であるという点である。この二つの意味は、実はアレントの「活動」にもみられるものである。すでにある世界あるいは人間関係の網の目に自己を投入（insert）する行為としての「活動」と「伝統の糸は切れた」現代にあって、新たな共同世界を創出することを意味する「はじまり」としての「活動」という二つの意味である。あえてモンテスキューと関連づければ、前者が対等者によって構成される世界であり、後者が卓越性の顕現する世界であるといえる。アレントにおいて重要なのは、いずれの「活動」も静態的には捉えられてはいないという点である。そして二つの「活動」は、後者においてより強く現われるとはいえ、ともに既成秩序の変容、変革を含んでいる。関係の網の目への自己の投入もまた新たな「はじまり」としての出来事としてアレントは位置づけているからである。アレントが武人的精神を強調するのは、このような変革、あるいは革新への期待が「活動」に寄せられているからである。

このように、モンテスキューやマキァヴェリと重ねてみれば、アレントの「活動」の世界には、二重の意味が込められていることがわかる。すなわち、対等者同士が構成する世界を前提とした言論活動と「創設」としての「はじまり」という意味での「活動」という二つの意味である。この二つの「活動」は、しかし見ようによっては対立関係にあるともいえる。前者は一定の共通世界あるいは政治体（共和国）を前提としており（アレントにおいては共通世界と政治体とはほぼ同じ意味をもつことが多い)、後者はまさに「無から(ex nihilo)」の創造という契機を孕んでいるからである。後者の意味での「活動」がホーニッグが提起した「はじまり」の問題を惹起するのである。ホーニッグの問題提起については次章で取り上げるとして、ここでは最後に、アレントの共和主義を支える公共精神について、その内実を検討して本章を閉じることにしよう。

注

(1) OR, pp. 30-31(邦訳、四一頁).

(2) HC, 198(邦訳、二二六頁).

(3) 川崎修はアレントとハイデガーとの間に「覚醒のシナリオ」というべき共通点があると述べている。「アレントを導入する」『現代思想』一九九七年七月号。

(4) この点は以前指摘したことがある。拙稿「実存の哲学と政治的アイデンティティ――ハンナ・アレントの場合――」『法政研究』第六〇巻第二号(平成五年)八四頁。

(5) BPF, p. 71(邦訳、九四頁).

(6) Arendt, H., *Der Libesbegriff bei Augustin: Versuch einer philosophischen Interpretation*, Verlag von Julius Splinger, Berlin 1929. この論文のなかでアレントはアウグスティヌスの愛の概念を「欲求(appetitus)」としての愛であるとし、さらにそれを永遠のものを求めるカリタス(caritas)と此岸のものを求めるクピディタスの二つの側面に分ける。後者は世界を人間の故郷とする世界愛(dilectio mundi, amor mundi)でもあるとしている。ここに後年のアレントの世界愛という観念の発露をみることもできるかもしれない。さらにアレントはこれら二つの愛の概念の違いによって世界に関しても異なった見方が出てくるとしている。すなわち、世界愛に先立つ神の創造になる世界――天と地(coelum et terra)――であり、今一つはそこに住み愛することによって構成される人間の世界である。これはアウグスティヌスのなかのキリスト教的要素とギリシア的要素とを反映したものであるともいえるかも知れないが、アレントによればこの二つは次のような関連をもっている。「我々の意志によって生じる事柄（nostra voluntate geri）によって世界は天と地から第二の意味になる」（S. 42）。同じことを次のようにもいっている。「我々の意志によって生じる事柄は世界によって導かれており、これによって第一の意味での世界すなわち神の制作物（die fabrica Dei）は人間にとっての自明の故郷となる」（S. 43）。そしてアレントはこの二つの愛との関連で「隣人愛（dilectio proximi）」の可能性を問うのである。この論文をどの程度後年のアレントの著作と関連づけられるかは一概にはいえないが、世界へ向かう愛という観念を終生アレントは捨てることはなかった。また、この論文の愛の分析では「死すべき人間」という前提の下に、人間を時間性（Noch - nicht と Nicht - mehr）のうちに捉えており、ハイデガーの影響が明瞭である。この意味ではやはりアレントの出発点というべきであろう。

（7）「はじまりがなされんがために人間はつくられた」（『神の国』岩波文庫、第十二巻二一章）というアウグスティヌスの言葉をアレントはいたるところで引いている。また「愛」についても、学位論文以来の彼女のテーマでもあるが、最後の著作においてもこの概念に言及している。とりわけ、「uti（何かのために使用すること）」と「frui（それ自体を享受すること）」という区別も対象との関係のあり方としての「愛」にかかわる（LMⅡ, p. 144（邦訳、一七四頁））。また、対象との関係のあり方としての「愛」は、「活動」の源泉であるとともに支配への欲求でもある「意志」が人間との具体的なかかわりにおいては「愛」へと姿を変えなければならないという観点からも言及される（LMⅡ, p. 104（邦訳、一二七頁））。アレントは「あなたを愛するとはあなたが存在することを欲することである（Amo：Volo ut sis）」というアウグスティヌスの言葉を引いている（LMⅡ, p. 104（邦訳、一二七頁））。

（8）トゥーキュディデース、久保正彰訳『戦史』上、岩波文庫、二三二頁。なお、古典古代における政治がいかなる思想的コンテクストのなかにあったかについては、参照、佐々木毅『プラトンと政治』（東京大学出版会、一九八四年）。

（9）OR, p. 187（邦訳、三〇二頁）.

（10）HC, p. 205（邦訳、二三三頁）.

(11)　HC, p. 35（邦訳、三七頁）.

(12)　HC, p. 36（邦訳、三七頁）.

(13)　HC, p. 193（邦訳、二二一頁）.

(14)　ここでいう「公民たちの世界」というのは、モンテスキューの次のような言葉を意識している。「社会とは人間たちの結合であって、人間たち自身ではない。公民は滅びるかもしれないが、人間は生き残りうるのである」（モンテスキュー『法の精神』野田良之・稲本洋之助・上原行雄・田中治男・三辺博之・横田地弘訳、岩波文庫（上）二六五頁）。人間と市民の区別という視点は、政治体とその外側とを明確に区別使用とするアレントの主張にとってきわめて重要な視点となっている。

(15)　モンテスキュー『法の精神』（上）前掲邦訳九二頁。「名誉」という概念の今日的意味については、Berger, P., "On the Obsolescence of the Concept of Honour," in *Liberalism and its Critics*, edited by Sandel, M., Basil Blackwell, Oxford, 1984, pp. 149-158 を参照。

(16)　EUTH, S. 724-725（邦訳三、二九三－二九四頁）やBPF, p. 152（邦訳、二〇六頁）参照。

(17)　これは川出良枝のモンテスキュー論を参考にさせていただいた。川出良枝『貴族の徳、商業の精神——モンテスキューと専制批判の系譜』（東京大学出版会、一九九六年）。

(18)　ポーコックによれば、シヴィック・ヒューマニズムとは、公的な事柄に公民として参加し、討議、決定に参与するという政治的生活（vivele civile）を、まさにこれこそが自由の領域であり、人間の本性を完全なものにし、徳を達成させるものであるとする発想である（J. G. A. Pocock, *The Machiavellian Moment: Florentine Political Thought and the Atlantic Republican Tradition*, Princeton University Press, Princeton and London, 1975）。たとえばシヴィック・ヒューマニズムの登場以後、「個人は市民としてのみ、すなわち彼の仲間たちとともに政治的生活に参加している政治的動物としてのみ、彼の本性を完全なものにし、徳を達成し、彼の世界を合理的なものにすると感じることができるようになる」という（p. 114）。とはいえ、この伝統は元来、政治的領域が「自然の秩序と永遠の価値から切り離された」という認識を背景にもっているがゆえに（p. 53）、政治的生活の舞台たる共和国（レス・プブリカ）は

「時空の限定性の上で」徳の完成を図らざるをえず（p. 185）、転変する世界において不安定にならざるをえない。そこにマキァヴェリのヴィルトゥ（virtu）が「革新力」として登場する理由もある（p. 166）。また、そうした世界においては市民的徳に加えて軍事的徳もまた要求されることになる（p. 181）。「共和国は共通善であり、市民はその活動を共通善に向けることによって、彼の生活（生命）を共和国に捧げているといえる。愛国的戦士は自らの命を捧げている。市民と愛国的戦士の両者は、各々特定の善を普遍的目的に捧げることによって、彼の本性を完成させるのである」（p. 201）。いうなればシヴィック・ヒューマニズムとは、市民的徳と軍事的徳の融合において現われるということができる。この伝統については、田中秀夫『共和主義と啓蒙』（ミネルヴァ書房、一九九八年）、高田康成『キケロ――ヨーロッパの知的伝統』（岩波新書、一九九九年）参照。

(19)　マキァヴェリ、永井三明訳『ディスコルシ』マキァヴェリ全集二（筑摩書房、一九九九年）一七八頁。マキァヴェリの思想については佐々木毅『マキァヴェッリの政治思想』（岩波書店　一九九〇年（初版一九七〇年））参照。同書は、マキァヴェリの思想を伝統的ゾーン・ポリティコン観の崩壊後において「共和国」の樹立を企図したものとして位置づける（一六九頁）。

(20)　マキァヴェリ『ディスコルシ』前掲邦訳、一七五頁。

結びにかえて――「共和国」の基としての公共精神

これまでアレントの「活動」を大衆社会を打破し、全体主義にとって代わりうる新たな政治体の創設という観点から解読してきたが、「活動」を共和主義的に読むとすれば、「活動」の中心にはある種の公共精神が必要である。この公共精神については、アレントの議論においては、一方で「活動」には「公的舞台」が必要であるとされることによって公共精神の外的条件が示され、また他方では共通世界に呼応する人間の内面的能力としての共通感覚ないしは共通感覚に基づく判断力が公共精神を支えるとされることによって、その内的条件が示される。

以下、それぞれの側面についてアレントのいうところをみていこう。

アレントの議論において一定の共通世界あるいは政治体が前提とされた場合があることは、彼女の「活動」概念が「公的舞台」を必要とする行為であるという点にすでに表われている。もっともアレントの場合、この「公的舞台」自体を「活動」が創出しなければならないというところにアポリアがあるわけであるが、このアポリアについては次の章において論究するとして、まず「公的舞台」たる共通世界が議論の前提におかれたときに、彼女の議論はどのような論理をなしているかについてみておきたい。ここにアレントの共和主義的思考様式の特質が明瞭に表われているからである。

一定の共通世界を前提とした「活動」という見方が表われているアレントの思想は、彼女の権威論や教育論など、通常彼女の保守的側面として言及されるところの議論に多くみられる[1]が、そればかりでなく、判断力論や自由論にも同様の見解をみいだすことができる。たとえば、最後の著作『精神の生活・意志論』において、

「人間の複数性とは、……きわめて多くの諸結合体へと分かれている。人々が活動しうるのは、このような結合体すなわち共同体の一員としてのみなのである。[2]」

という。同様の趣旨を彼女の自由論から一つ引いておきたい。アレントの自由論こそ、通常はこのような保守的側面とは無縁のものと思われているからである。

「自由は、それらの人々が出会う共通の空間、言い換えると自由な人間がそれぞれ言葉と行為によって自分

を参入させることができる政治的に組織された世界を必要とした。[3]」

これらの例は「活動」を成り立たせる、その基盤にアレントが言及した箇所であるが、その基盤は、「伝統」であったり「共同体」であったり、あるいは「政治的に組織された世界」であったりするが、すべてこれらは「活動」を支える舞台装置であるといってもよいであろう。もっとも、「伝統の糸は切れた」というアレントの認識が物語るように、伝統や過去の世界といったものを当然の前提としてアレントは語っているのではない。この認識からしてすでにアレントを通常の保守主義者とするのは困難であるが、右に引用したアレントの議論は、彼女の「活動」の複雑さを物語っているといえよう。つまり「伝統の糸は切れた」現代にあって、「活動」は新しさへのパトスを表現するのであるが、しかし、他方「活動」は言論を主な媒体としている。ということは、「活動」はすでに言語的な了解の存在する世界において展開される行為であるということである。言い換えると、「活動」は前行為的に了解された世界を前提としているということである。右に引用した例において語られるのは、この前行為的に了解された世界という前提なのである。

しかし、アレントの議論が錯綜するのは、この前行為的な世界自体が、「活動」の産物にほかならないからである。そのことは「絶対的はじまり」としての創設にのみ言えることというよりは、日々の実践としての「活動」にも当てはまることである。というのは、アレントは、

「人間的工作物は、活動と言論の舞台でなければ、また人間事象と人間関係の網の目の舞台でなければ、そしてさらにそれによって生み出された物語の舞台でなければ、その工作物は究極の存在理由を失う。[4]」

と述べているが、この場合、「舞台」となるということは、それが相互の語り合いの対象となるということを意味する。

「活動と言論は、それが人々に向けられているのと同じく、人々の間で行われる。活動や言論は、たとえその内容がもっぱら『客観的』な、人々がそのなかを動く物の世界の問題に関心をもっているとしても、その行為者を暴露する能力をもっている。そして世界の諸物は人々の間に物理的に位置しており、そこから人々の特殊で客観的な世界への関心が生まれる。これらの関心は、文字通りの意味で、間にある（inter - est）ものを形づくる。これは人々の間にあり、したがって彼らを関係づけ、結びつけることができる。ほとんどの行為や言論は、各集団によって異なるこの介在者（in - between）に関心をもっている。[5]」

と述べ、「活動」が世界へ向かうことを指摘している。「活動」はしばしば人―人関係として語られるが、「活動」は世界を対象とした（挟んだ）相互行為であるという点を強調すれば、むしろ人―物―人という関係とみることもできる。さらに「人々によって絶えず語られるのでなければ、共通世界は非人間的なままであろう[6]」ともアレントは述べている。いずれにせよ、世界は常に語り合いによって人間的世界として更新され続けているといえる。つまり「活動」とは「世界」（＝「活動」の舞台であるとともに対象ともなる）の日々の更新なのである。ということは、日々更新される「世界」はその都度新たに「活動」の条件を生み出すということである。「活動」は「世界」に向かい、「世界」に規定される。このような「活動」と「世界」の相互依存的関係において成立する共同体こそ、アレントの構想する「共和国」であるといってもよいであろう。

ところで、このような「共和国」を支えるものとして、アレントの議論において大きな比重を占めるものに、彼女のいう「法」がある。アレントは「共和国」を論じる際に「法」や制度を強調し、これを人民の意志よりも上位に置く傾向を示すが、[7] 彼女のいう「法」とは、行為規範や決定手続きなどという意味はまったくなく、モンテスキュー的な意味での「法」、つまり「関係」ないしは「結びつき」としての「法」である。この「結びつき」は、人と人との結びつきであるとともに、政治体と政治体との結びつきも意味するが、[8] 留意すべき点は、この「法」は、あくまで公的関係を指すものであるという点である。むろん、法であるがゆえに公的であることは当然といえるかも知れないが、しかし彼女のいう「関係」とは、人間を「共和国」の構成員として組織するような「関係」であるということである。つまり人間は法的な関係に入ることで、「共和国」の構成員としての「ペルソナ」(法的仮面)をもつことができるということである。アレントにとっての「法」とは「ペルソナ」という「公的人格」の成立条件なのである。[9] いうなれば、「ペルソナ」とは公共性を内在化した人間なのである。

他方、公的世界を支える内面的能力としての「共通感覚 (common sense, sensus communis)」についてアレントはいかなる議論を展開しているか。彼女の「共通感覚」論は、多少、複雑な構成となっているが、非主観的で客観的な世界を体験し、かつその世界に我々を位置づけるという働きをする感覚(常識=公共心 Gemeinsinn)を指すとまずは定義できる。[10] ただ、ここにはある種の共通世界を成り立たせる感覚つまり現実(リアリティ)感覚と、共同体への配慮と同義で用いられている感覚とが併存している。[11] 前者はむしろ現象学的世界理解に通じるものである。後者の場合、これは彼女の判断力論にも通じてくるものであるが、公共心という言葉が示しているように、ある種の共同体を前提とした精神である。ここにもまた区別を要するいくつかの意味が込められているとみることができる。一つは共同体全体を配慮する能力、つまりは「徳」であり、今一つは公平な判断という意味である。前者の意味で捉えれば、すでに前節でモンテスキューやマキァヴェリとの関係でみたように、アレントの「活動」は共和国への「愛」としての「徳」と共和国を創出する「力」としてのヴィルトゥに支えられたものであることをみたが、アレントの共通感覚論あるいは判断力論は、この「徳」や「力」という内面的能力の復活によって公共世界＝共和国を構成しようとする試みであるといってよい。後者の意味で捉えれば、アレントがカントを援用しつつ述べていた、「拡大されたメンタリティ」あるいは「他者の立場に立って考える」[12]という、ある種の規範を意味する。この二つは区別すべき精神的資質であるとはいえ、これらの意味はいずれも「共同体」に立脚した内面的能力であり、個々人が共同体意識をもつことをともに前提とした能力であるという点で、アレントにおいては一つの概念のなかに共存しているのであろう。いうなれば「他者との世界の共有[13]」に立脚した能力である。これがアレントの公共精神の思想であるといってよいであろうが、このような精神が人を私人ではなく、「公的人間」として成り立たせるのである。

こうして「公的舞台」の上で展開されながらも、同時に「はじまり」としての相互行為でもある「活動」の議論は、「公的人間」とは何か、またそれを支える条件とは何かという問題へ収斂するといえよう。「活動」が前行為的世界を前提としているようにみえるのは、これが一定の公的関係を身につけた「公的人間」（＝「ペルソナ」）によって遂行されるからにほかならない。「活動」は「公的人間」によって遂行される「はじまり」なのである。この「公的人間」の内実をめぐる議論がアレントの思想において大きな位置を占めていることは、これまでの論述から明らかであろうが、しかし、ではこの「公的人間」を支える公的関係はいかにして成立するのかという、今一つの問題、すなわち「絶対的はじまり」としての創設の問題はアレントにおいてはいかに議論されているのか。章を改めて論じよう。

注

（1）参照、川崎修『アレント』（講談社、一九九八年）とくに二四〇頁以下。
（2）LM II, p. 201（邦訳下、二四〇頁）.
（3）BPF, p. 148（邦訳、二〇〇頁）.
（4）HC, p. 204（邦訳、二三二頁）.
（5）HC, p. 182（邦訳、二〇九頁）.
（6）MDT, p. 24（邦訳、三七頁）.
（7）とくに『革命について』においてこの傾向は顕著である。
（8）ORにおいてアレントは、「法とは関係する事物のことであり、したがって宗教的法とは人間を神に関係させるところのもののことであり、人間の法とは人間同士を関係させるところのもののことである。……神の法がなければ人間と神の間の関係はなく、人間の法がなければ、人間同士の間の空間は砂漠となるか、むしろ媒介となる空間そのものがまったく存在しなくなるだろう。」（OR, p. 302, note 19（邦訳、二七九頁））と述べ、さらに法について、交戦中の政治体同士の戦争状態の終焉としての同盟関係としても言及している。敵対していた政治体同士の同盟としての法という見方は、アレントの中東問題への態度とも重なって興味深い。
（9）次章での議論を参照。
（10）EUTH, S. 34-35（邦訳一、一一一一三頁）.
（11）BPF, p. 221（邦訳、二九九頁）.
（12）BPF, p. 220（邦訳、二九八頁）.
（13）BPF, p. 221（邦訳、二九九頁）.

第三章　アレントにおける「ペルソナ」概念と共同性の論理

はじめに

アレントの政治思想の中心概念たる「活動（action）」がペルソナ（persona）という用語を一つのキー・ワードとしていることは、すでにこれまでの論述において指摘した。アレントはこの言葉を、アメリカ革命に携わった人々を表わすのに用い、フランス革命の人々を表現するのに用いた「自然人」と対比させていた。ここでペルソナとは法的仮面を意味している。「活動」において人々はペルソナという法的仮面を通してその姿を現わし、相互行為の中に入ってくるのであるが、他方、ペルソナという法的仮面の、まさに「法的」を支える関係自体も「活動」という相互行為が営まれることではじめて生きた関係となる。つまりペルソナとは行為と法とが一致する地点を人格的に表現したものと考えることができる。しかし、アレントが法的仮面という意味でペルソナという言葉を用いるとき、この法という言葉がもつ、一種の没個人的かつ永続的制度という意味合いは、「活動」という用語がもつ自由や「はじまり」の強調とは、相容れない側面があることは否めない。「活動」は常に新たなはじまりを世界にもたらすのであるが、法もその都度新たに形成される、とはいえないであろう。もしそうなら法はなくてもよいものでしかない。ある種の関係を「維持」していくところに法の意味もあるのであって、アレントが強調する「関係」としての法も、こうした関係「維持」的な機能を期待されているといえる。

たしかに、一面からみればアレントは、行為と法の一致、つまり、「活動」においてペルソナが輝き出ることによって、法的関係としての政治体もまた輝き出るということを強調していたと解釈できるが、この場合も政治体がその都度創出されるのでないかぎり、法的関係として存在する政治体と「活動」の「はじまり」的性格、つまり絶対的新しさとは完全に一つになることはないであろう。そう考えると、前章において指摘した「活動」の二つの側面、すなわちある種の共通了解を前提とした行為とまったく新しいはじまりをもたらす行為という二つの側面の矛盾が「活動」にはついて回ることになる。保守性と新しさ、連続と非連続、静的なものと動的なものという相容れなさである。ペルソナという公的人間のあり方には、このような、自由や「はじまり」としての「活動」と法的関係としての政治体という二つの契機が入り込んでいると考えられるのである。しかしこの相容れなさ、あるいはこのような相容れなさを抱え込んだ論理には、単にアレントの政治思想の理論的矛盾というよりは、むしろ現象学的な人間把握と共和主義的政治像とを接合しようとするアレントの思想の基本的な構造が窺えるのである。それは言い換えると、堅固で永続的な政治体を「自由」に対して開いていこうとするアレントの苦闘の足跡であるともいえる。それは自由な共和国の内実にかかわる問題である。

そこで本章では、ペルソナという人間像に収斂するアレントの「活動」像を再度検討してみたい。その際、個体性の表出であるとともに相互的な行為として遂行され、かつ新しさの生起でもある「活動」との関連でペルソナという言葉の意味を探るとともに、ここに表現される「人間的共同性（human togetherness）」の世界をハイデガーのいう「作品」という思想に通じるものとして把握してみたい。言い換えると、本章ではこの「人間的共同性」を「作品」としての国家（政治体）として捉える。むろんこれはアレントの思想を「国家－唯美主義」（ラクー・ラバルト）として論難するためではない[1]。このようにしか表現できない共同性の世界が展開されるのである。そのような世界をみた上で、つづいてアレントはいかにしてこのような世界を現出せしめようとしたか、その論理を追ってみたい。これはまさに「はじまり」はいかにして「はじまる」かという問題であるが、ここでもハイデガーは重要な参照基準となる。

注

（1） Lacoue - Labarthe, P., *La fiction du politique: Heidegger, l'art et la politique*, Christian Bourgois Editeur, jauvier 1988（浅利誠・大谷尚文訳『政治という虚構』藤原書店、一九九二年）。

第一節　「活動の人」とペルソナ

アレントのいう「ペルソナ」が法的人格であることは、これまで再三述べてきた。同時にこの法的人格とは、アレント的意味における公的人間として「活動」を遂行する人間でもある。つまり「活動の人」なのである。「活動」とはすでにみたように、規則化された日常を打ち破り、新たな「はじまり」をもたらす非日常的な出来事である。このような出来事において、人々は当事者としてそれぞれ独自の位置や立場を占める。ペルソナという言葉は、このように出来事において一定の位置や立場をもつことと密接に関連している。

ペルソナの特徴として、第二にそれが「自然人」と区別されていることが挙げられる。アレントがフランス革命について語っているところを引用してみよう。

「しかし、フランス革命に携った人々は、persona の概念をもっていなかったし、政治体によって与えられ、保障される法的人格を尊重しなかった。たしかに第三身分の要求は政治的領域へ参加し、さらに進んでその領域を支配することであった。しかし、彼らの厳密に政治的な反乱としてはじまった革命の道に大衆的な貧困状態が自ら割り込んできたとき、フランス革命を担った人々は、もはや市民の解放に関心をもっておらず、また、各人には法的人格が平等に与えられ、法的人格によって保護され、同時にほとんど文字通り法的人格を『通して』活動する資格があるという意味での平等にも関心を払っていなかった。彼らは、自分たちがいわば自然そのものを解放したのであり、万人のなかの自然人を自由にしたのであり、大文字で書かれた人間の権利を各人に与えたのであると信じた。しかもこの人間の権利は、彼らの解釈では、各人が属する政治体によってではなく、生まれたという事実そのものによって万人に与えられるものであった。[1]」

アレントのこうした文言でまず注目されるのは、「市民」や「法的人格」という言葉と「自然（人）」との対比である。この対比は、人間の権利は政治体によって与えられるものであって、生まれたという単なる事実そのものに由来するものではないという、アレントの『全体主義の起源』以来の主張へつながっている。つまり「市民」

の解放こそが政治的に有意味な事柄であって、自然的存在としての人間の解放はむしろロベスピエール的「恐怖政治」をもたらすというのである。アレントがこうした見解をもつのは、人間の「食べ、着、種を再生産する」という自然的欲求の解放は、「有機体としての必然的で不可抗力的な過程」[2]からの解放の欲求であるとされ、アレントによれば、この「自分自身を生命の必然性から解放したいという人間の欲求」こそ「あらゆる支配の根源的でもっとも正統的な源泉」[3]であるからである。さらにそれにとどまらず、アレントは、フランス革命には、腐敗した社会に善なる人間本性という、ある意味ではルソー的対立が思想的背景としてあり、この善なる本性を求めて偽善との闘いが繰り広げられた、と捉え、この闘いがフランス革命をして「徳のテロル」へと帰着せしめたという認識を示す[4]。

このような「市民」という政治体を構成する人間のあり方と「自然人」という、アレント的にいえば、政治体の外部にある人間のあり方という対比は、たしかにペルソナと自然人の違いを物語っているといえよう。つまりペルソナとは「市民」であって、「自然人」ではないということである。しかしこの両者の違いは政治体の内か外か、法的関係によって構成されているか否か、という違いだけではない。というよりは、そもそも政治体の内か外かという違いは何を意味しているのかということである。たとえばアレントは、フランス革命における自然の力、根源的必然性（貧困）の解放は、「むき出しの欲求と利害だけが偽善のないものである」[5]という確信につながったと述べる。つまり「自然人」であるということは、アレントによれば、生物学的な生命維持のみによって個が意味づけられているということである。第一章でアレントにおいて個体を構成する基盤が、政治体から自己へ、そして自己から生命へという変化がみられることを指摘したが[6]、「自然人」とは、まさに「生命」を基盤として個が構成されているということであり、それは主観化した個、無世界的個なのである。

ではペルソナとは何か。ペルソナとは、端的にいえば、政治体に基盤をもつ個、すなわち「市民」である。ここでいう「政治体」とは、法的構成体であるとともに、いささか循環論法めくが、ペルソナ、すなわち市民たちが形成する共同の世界でもある。アレントの場合、「市民」とは、その行為においてみたとき、「意見」を交わすものであり、「意見」によって「現われる者（one - who - appears）」である。そしてこの「意見」とは同一の対象についての「意見」であり、この対象の共有が「意見」の交換を可能にするのである。ということは、ペルソナとは対象への関心を共有しているものということになる。「自然人」が主観化された個であるのに対して、ペルソナとは、主観を超えて、世界への「現われ」において自己を見出すものである。したがって「自然人」が単なる主観的存在として、無世界的で他者との交流をもたない個であるのに対して、ペルソナは「現われ」としてつねに他者との交流のなかにある存在である。しかし他者との交流とはいえ、「活動」とは常に日常を超えた偉大な行為であるとされることから、交流の契機としての「意見」や「現われ」もまた単なる日常的出会いや会話などではなく、通常の秩序を超えた出来事を構成するとみるべきである。こうしてペルソナの成立は「活動」による世界の開示、あるいは日常的惰性を断ち切った出来事の生起に依存しているのである[7]。

アレントはこうした出来事について、それは偉大さが公的光のもとに現われることであると述べるのであるが、注意すべきはそれはいかなる意味で公的な事柄であるのかということである。つまり出来事は、いかなる意味で公的出来事となり、公的人間としてのペルソナを成り立たせるのかという点についての確認である。

アレントは、「活動」について、それを人々が相互に現われる形式であると述べているが、周知のように、アレントはこの「活動」が展開される場を「現われの空間」と呼んでいる。この「現われの空間」とは「公的」なものとほぼ同義である。アレントは「公的」という言葉が意味するところについて次のように述べている。

「それ（公的－伊藤）は、第一に、公的に現われるものはすべて、万人によって見られ、聞かれるとともに、それが最大限の公開性をもつことを意味する。わたしたちにとっては、現われという、自分自身と同様に他者によっても見られたり聞かれたりするなにものかがリアリティをなすのである。[8]」

「活動」とは、脱日常的出来事をもたらすと述べたが、右のアレントの引用からも分かるように、「活動」がもたらす出来事とは他者によって見られたり聞かれたりする「現われ」の場でもあるがゆえに、公的事柄として展開される。アレントが再三強調しているように、ここで「公的」というのは、他者の存在に大きく依拠している。つまり「他者との世界の共有（sharing - the world - with - others）」こそ「公的」という事柄を成り立たせているのである。したがって「活動」はしばしばその個人主義的側面が強調されるが、そしてたしかに「はじまり」としての「活動」の側面に着目すれば、これは個人主義的な行為なのであるが、しかしそれは自己を世界へ投入する行為であって、ひとたび投入したならそこからは相互に見られたり聞かれたりする「人間的共同性（human togetherness）[9]」のうちにある。アレント自身、「活動」には一人の人物が行う「はじまり」と大勢が一緒になってある企てを担い、達成するという二つの過程があると述べている。[10]この後者の過程は、「活動」の共同的側面であり、次のようにもいわれる。すなわち「活動と言論は、行為の網の目と他の人々の言葉に取り囲まれるとともに、それらと絶えず接触している。[11]」

「活動」が開く人間事象すなわち出来事とは、こうして人間的共同性という「他者との世界の共有」のうちに展開される事柄であるといえる。このことをアレントのペルソナなるものとの関連において今一度敷衍しておこう。

「活動」は語ることによって新しい何事かをはじめることであるが、その場合、語ることは他者を必然的に巻き込むがゆえに公的な行為であり、それぞれが他者の語りを受け止め、各人の「意見」を発言することで新しい何事かとしての出来事は成り立ち、また各人はその「意見」を発言するということを通じて出来事の参加者としての役割を果たすのである。こうして、ある出来事において、独自の位置をもつことが、出来事という側面からみたアレントのペルソナであるといってよいであろう。つまりペルソナとは出来事の共同の参加者、共有者を指す言葉であるといってもよい。

「活動」をペルソナという側面から捉えれば、個人主義的な含意の強い「活動」も共同性の場として捉えることができるが、共同性の場としての「活動」という捉え方は、彼女の次のような「活動」観からも読みとることができる。すなわち「活動」を行う者は、常に働きかける行為者（doer）として存在しているわけではなく、受難者（sufferer）としても存在しているという見方である。[12] 彼女の「見られたり聞かれたり」という言葉も受動態で語られているわけであるが、行為者は受難者であってこそ、自らの個体としてのアイデンティティを得ることができるのである。このように能動的であることは受動的であることであり、あるいは行為者であることは受難者でもあるという人間のあり方こそ、「活動」を行う人間であり、ペルソナとして現われるアレントの公的人間なのである。

もっとも、世界を共有するということ、あるいは事柄への関心を共有するということは、いかなる事柄でもよいというわけではない。さきにも述べたが、アレントは社会問題という経済にかかわる問題を、人間の自然化として政治から排除した。それが意味するのは、社会問題は人間の生物学的次元への還元であり、世界への関心を他者と共有しえないものであるということである。しかしこの「世界の共有」という点から考えれば、社会問題が、つねに他者と共通の関心に導かれないとは限らない。実際アレントもある対談で、いわゆる社会問題が「政治的」問題たりうることを認めてはいる[13]。とはいえ、アレントは社会次元の問題を政治的に捉えることは最後までしなかった。この点についてはここでは措いておこう。

ところで、これまで「活動」の共同性について、ペルソナという言葉を手掛かりとして、世界を共有する、あるいは出来事へ参加する、事柄への関心を共有するという形で述べてきたが、しかしこのようにしてアレントの「活動」の共同性としての側面を捉えてみると、そこには「活動」における、あるいは政治における「人間的共同性」のアレント的捉え方の思想的特徴がよく出ているといえる。アレントは「活動」において現われるのは、「存在するもの一切がユニークであり、唯一のもの[14]」であるような個体の固有性であるとしており、そこに何らかの秩序が想定されていることを明示的に示す言及はない。むしろ「活動」とは秩序に対しては破壊的に作用するような行為である。しかしそのような「活動」にアレントはある種の共同性を見出しており、またその「活動」を担い、共同性を体現する人間をペルソナとして捉えているといってよいであろう。いうなればペルソナという言葉には個体性と共同性の両方が読み込まれていることになるわけであるが、しかしそれはどのような「個体」観、「共同性」観なのか。この問いは自ずとアレントの思想的根源への問いでもある。アレントはいかなる個体性と共同性、およびそれらのつながり方を考えていたのか。まずはアレントの次のような言及に注目したい。すなわち、アレントは「活動」をアリストテレスの「エネルゲイア」と重ね合わせているが、「エネルゲイア」としての「活動」は後に何の生産物も残さないが、演技自体に意味があると述べ、つづけて次のようにいう。

「このような活動と言論の場合、最終目的（テロス）は追求されるのではなく、活動行為それ自体のなかにあり、したがって entelecheia となるのである。活動と言論の作品は過程の後に来て、その過程を消滅させるものではない。それは過程そのもののなかにあるのである。上演中であること（performance）こそ作品であり、エネルゲイアなのである。[15]」

アレントはここで「活動」をアリストテレスの「エネルゲイア」と等置し、同時に「活動」は「作品」であるといっている。つまり個々のユニークさが現われ出るような共同性のあり方を「作品」と呼んでいるわけである。周知のように、アリストテレスのいうエネルゲイアとは、行為が遂行されていることを指す。そしてその行為を生じさせたある状態やその結果現われた状態とは区別され、まさに行為が現に行われていることそのものを意味する。[16]しかしアレントがこのエネルゲイアを上演中であること＝「活動」として自らの思想の中心に取り込んだときには、もっぱら言論による相互行為として捉え、かつそれによって個体が日常の意味世界から脱して、その個体性を輝かすという主張を盛り込んでいる。つまり脱日常、個体性という概念で現わされる事柄が表裏のものとして提起されているとともに、相互行為によって現われる空間ともいうべき共同性もこれらに不可分のものとして提起されているのである。このような脱日常、個体性、共同性という三つの事柄が内的に連関したものが「作品」であることになる。

ところでダルマイヤーはこの「作品」という言葉をめぐって興味深い指摘を行っている。「作品」という言葉は周知のように、一九三〇年代以降の、いわゆる中期以降のハイデガー思想の中心概念なのであるが、ダルマイヤーはハイデガーの「作品（art - work）」概念をアレントの「活動」に類比しているのである。ダルマイヤーは詳細については述べていないが、この指摘は、アレントの「活動」のみならず彼女の個体性や共同性などが内的に関連した秩序像を考える上で、重要な示唆を含んでいる。そこで、この「作品」という言葉を手がかりにして、アレントとハイデガーの思想を比較検討してみよう。(17) むろん、「エネルゲイア」という言葉に着目すれば、アレントは「活動」を「エネルゲイア」、そして「活動」と密接な関係にあるものとしての「権力」を「デュナミス」と呼んでいる点からすれば、ハイデガーのアリストテレス論などとの関係も無視することはできないが、ここでは「作品」論としてハイデガーの著作の中心的位置をしめる「芸術作品の起源」を主に取り上げて、ハイデガーの「作品」論を確定しておく。(18)

注

(1) OR, p. 108(邦訳、一六〇頁).
(2) OR, p. 114(邦訳、一六八頁).
(3) OR, p. 114(邦訳、一六九頁).
(4) OR, p. 79(邦訳、一一九頁).
(5) OR, p. 110(邦訳、一六三頁).
(6) 第一章参照。
(7) アレントにおいてペルソナという概念がもつ意義については、次を参照。Kateb, G., *Hannah Arendt: Politics, Conscience, Evil*, Rowman and Allanheld Publishers, 1983, pp. 10-11; Anne-Marie Roviello, *sens common et modernite chez Hannah Arendt*, Ousia, s.c., 1987, pp. 20-21; Villa, R. D., *Arendt and Heidegger: The Fate of the Political*, Princeton University Press, Princeton, New Jersey, 1996, p. 91; Bernstein, R., *Hannah Arendt and Jewish Question*, Polity Press, 1996, p. 77. また、武藤光朗「ペルソナの倫理学」『理想』一九八一年六月号も参照。これらは概ねペルソナを「公的現われ」あるいは法的地位として捉えているのであるが、ただロヴィエロは、「人格(personne)とは、行為、す

なわち注目されるべき活動と言葉によって世界に現われたかぎりでの個人を指すが、しかしこの人格は同時に、常に活動と言葉以上のものである」と述べ、この点は本書の位置づけとも近いのであるが、しかし「自己の内面的純粋さは、ペルソナ、すなわち隠すことによって顕わにする仮面（masque）がなければ、純粋に非現実的であろうし、同時にペルソナという、人格が顕わになる多様な現われ、多様な顔は、それが糧としている隠された源泉と切り離されれば、単なる偽りの仮面となる」と述べている点には多少留保が必要であると考えている。アレントに即してみたとき、彼女がペルソナを内面と関連づけて論じているところがあったかどうか、つまりペルソナとは内面の表出の媒介であるのかどうかは、慎重な吟味が必要であろう。もちろん、アレントは、たとえば言葉について、それは内面的なものの表出であることは認めているが、しかし表出とは、単に内面的なものをそのまま表出することではなく、けっして内面の「カーボンコピーではない」としている（*Between Friends: Correspondence of Hannah Arendt and Mary McCarthy 1949-1975*, edited and with an introduction by Carol Brightman Harcourt Brace and Campany, New York 1995, p. 242）。つまり「現われ」とは内面と結びつきながらも同時に、別の次元にある事柄であるというべきであろう。なおこの点については次も参照。voir, Tassin, E., "La question de l'appartenance," in *Ontologie et politique: actes du colloque Hannah Arendt*, edite par Miguel Abensour, et al., Editions Tierce, 1989, pp. 63ff.

(8) HC, p. 50（邦訳、五〇頁）.
(9) HC, p. 180（邦訳、二〇六頁）.
(10) HC, p. 189（邦訳、二一六頁）.
(11) HC, p. 188（邦訳、二一五頁）.
(12) HC, p. 190（邦訳、二一七頁）.
(13) Hill, M. A., edited, *Hannah Arendt: The Recovery of the Public World*, St. Martin's Press, New York, 1979, pp. 318-319.
(14) HC, p. 205（邦訳、二三四頁）.
(15) HC, p. 206（邦訳、二三四頁）.
(16) アリストテレス『ニコマコス倫理学』第一巻八章。

(17)「作品」をめぐるアレントとハイデガーとの関係については以下を参照。Dallmayr, F. R., *Polis and Praxis: Exercises in Contemporary Political Theory*, The MIT Press, Cambridge, 1984, pp. 110-111; Villa, R. D., op. cit., p. 108, pp. 223ff. ただし、ヴィラは、アレントは芸術作品としての国家に対して批判的であったとし、アレントは政治と芸術の合成を批判していたとしているが、本文でも指摘したように、この点は疑問なしとしない。ヴィラの *Politics, Philosophy, Terror: Essays on the Thought of Hannah Arendt*, op. cit., chap. 3 も参照。

(18) 以下のハイデガーの作品論の整理については次を参照した。木田元『ハイデガーの思想』岩波書店、一九九三年、小野紀明『二十世紀の政治思想』岩波書店、一九九六年、同『美と政治』岩波書店、一九九九年、フランソワーズ・ダステュール『存在と時間』以後のハイデガーにおける世界概念」『現代思想』一九九九年五月、二七巻六号所収。

第二節　ハイデガーの作品論

まず、ハイデガーの「芸術作品の起源」における「作品」とは何かからみておこう。

ハイデガーは「芸術作品の起源」を考察することは芸術作品の本質を尋ねることであるという。その本質とは、いうまでもなく、作品の物的性質にあるのではない。「作品は（物的性質とは─伊藤）別のものを公に紹介し、別のものを顕わにしている。[1]」では何を顕わにしているのであろうか。

「作品は作品として何を創立するのか。作品はそれ自身において聳え立ちつつ或る一つの世界を空け開き、主宰する有り処の中にその世界を保持する。

作品で有るとは、すなわち、或る一つの世界を創立することを意味する。[2]」

では「世界」とは何か。

「世界は可算的な物ないし不可算的な物、周知の物や周知でない物といった目前の物の単なる集積ではない。しかしまた世界は、目前のものの総計に付加して考えられた単なる想像上の枠組みでもない。世界は世界として開起し、我々が精通していると思っている掴まれ得るものや知覚され得るものよりも、より一層（根源的に）有るものである。世界は、我々の前に立っている直感されうるような対象では決してない。世界とは常に非対象的であるものであり、誕生と死去、祝福と呪詛の軌道が我々を有ることの中に移して保持する限り、我々はこの常に非対象的であるものに従属している。[3]」

こうして「世界」とは何らかの対象ではなく、有るものの空け開きであるという。ヴァン・ゴッホの絵画を例にとって、ハイデガーは有るものにおける有ることの空け開きを、道具の信頼性として示す。信頼性は諸物が有るものとして現われる意味連関である。したがって「世界」とは、有るということの意味、何かが有るということが成り立つ地平であるといってもよい。しかし、作品はこのような「世界」を創立するだけではない。ハイデガーは「作品は或る一つの世界を創立することにおいて、大地を確立する[4]」という。「大地」とは何か。ハイデガーの言葉を引いてみよう。

「素材は、道具の道具で有ることに没入して抵抗を与えることが少なければ少ないほど、より一層よく、より一層適材適所である。これに反して神殿作品は、或る一つの世界を創立することによって素材を消失させるのではない。むしろ神殿作品は素材を一番最初に、しかも作品の世界という空け開いたものの中に出て来るようにさせる。すなわち、岩は担うことと安らうことに至り、こうして初めて岩となる。金属は閃くことと微光を発することに至り、色は映えることに至り、音は響くことに至り、語は言うことに至る。こうしたことすべてが出て来るのは、作品が、石の巨大さと重さの中に、木材の堅牢さと撓《たわ》め易さの中に、青銅の硬さと光沢の中に、色彩の映えることとすくむことの中に、音の響きの中に、語の命名力の中に、自らを立て返すからである。

作品が自らを立て返すところ、また作品がこのように自らを立て返すことにおいて出て来るようにさせるもの、それを我々は大地と名づけた。[5]」

いうなれば「大地」とは、手段化した素材のような、何かのためにあるものではなく、まさに岩としてある岩、金属としてある金属のように、そのものそれ自身として「自らを閉鎖する」ところの「有る」物を指すといってもよいであろう。このような大地とは科学的に分析されたり、解明されたりしうるものではなく、「本質的に開示されえない」ものである。そして「作品が大地を確立する」とは、「自らを閉鎖するものとして大地を空け開いたものの中へともたらすことを意味する。[6]」

こうしてハイデガーは「作品」の中に、「世界」と「大地」という二つのモメントを導き、そしてこの二つのモメントの関係を「争い」であるとして、次のようにいう。

「世界は自らを空け開くものとして、閉鎖されたものを何一つとして許容しない。しかし大地は蔵するものとして、世界をその都度自らの中へ引きこんで留保する傾向がある。[7]」

このような空け開くものと閉鎖するものとの争いの場が「作品」なのである。「作品の作品であることは、世界と大地の間の争いを引き受けることに存する。[8]」「作品」をこのように規定しつつ、ハイデガーはそうした「争い」を真理が顕わになるための「争い」であるとする。「作品」のうちに現われるこの争いは、「全体としての有るものの非隠蔽性（die Unverborgenheit）すなわち真理が闘い取られる争いを引き受けるのである。[9]」この意味で「作品」は真理の居所である。ハイデガーのいう真理とはそれ自体として予めどこかに存在するというものではない。真理とは「有るものを明け透かせ且つ隠蔽すること」である。「有るものより一層〈根本的に〉有るもの」としてのこの「明け透き」が作品の中にあるとき、それが作品の「美」である。「美」は形の中に安らうものであり、「建てることと形造ることはどこまでも、真理が自らの住処を作品の中に整える独自の道であり仕方である[10]」とされる。

こうして「作品」とは、有ることの明け透きが現われ出る場として規定される。別の著作においては「或る一つの存在者の中で存在を成就していること[11]」ともいわれる。したがって「作品」とはハイデガー的意味における真理を現わしている限りにおいて、単なる鑑賞の対象物ではない。有ることの明け透きが現われ出る場としての「作品」とは、また有るものより一層根源的に、有るものの明け透きである。つまりここでハイデガーが「作品」のうちに見出しているのは、通常の意味連関によって覆い隠されている、あるいはその向こう側にある、有ることそれ自身がその意味連関を打ち破って現出するという事態なのである。

「作品が形態の中へと確然と立てられ、それ自身においてより孤高に立てば立つほど、つまり作品が人間とのあらゆる連繋をより純粋に解消するように見えるほど、そのような作品が有るということの衝撃は、空け開かれたものの中へますます純一に入り込み、無気味なものがますます本質的に衝き上げられ、これまで安全に見えたものが突き倒されるようになる。このような幾重もの衝撃は何らの無理強いもしない。というのは、作品それ自身によって空け開かれた有るものの空け開きの中へと作品それ自身がより純粋に連れ去られていればいるほど、作品はますます純一に、我々をその空け開きの中に差し入れると同時に、通常のものから引き抜くからである。[12]」

そして通常の鑑賞ではなく、「作品の中で生起している真理の内に滞在すること[13]」をハイデガーは指し示す。つまり、「作品」が我々を真理に目覚めさせるのである。ここに引用した「無気味なものがますます本質的に突き上げられ、これまで安全に見えたものが突き倒されるようになる」という言葉は、芸術作品によって日常の意味世界が崩壊することを指しており、それは以前であれば、『有と時』のように「不安」によって日常的意味世界が崩壊するといわれていたものである。

しかし、この「真理」、「有ることの明け透き」とは一体何を意味しているのであろうか。これが通常の社会秩序の外側にあるものであろうことは理解できるとしても、これは人間を越えた形而上学の世界なのか、それとも、これもある種の人間の秩序なのであろうか。後のハイデガーが、有（存在）の到来を静かに待つことを強調する静寂主義的態度に至ることは周知のとおりであるが、しかし「芸術作品の起源」において、「真理が現成（wesen）

する別の仕方は、建国の行為である」[14]というとき、真理＝有ることの開示が「建国」という言葉で表現されているように、ここには一種の秩序が、というよりはメタ秩序が想定されているとみてもよいであろう。あるいは意味の源泉といったほうがよいかもしれない。そしてこのメタ秩序は、

「有るものの非隠蔽性の本質が何らかの仕方で有ることそれ自身に属しているならば（『有と時』第四四節参照）、有ることそれ自身はその本質からして空け開きという活動余地（現という明け透き）を生起させ、この活動余地を、その中でどの有るものもそれなりの仕方で立ち現れる所として運び入れるのである[15]。」

といわれているような、各々の有るものがそれとして現われる場として考えられているといってもよい。ハイデガーはこの「場」をポリスと呼ぶのである。「芸術作品の起源」と同時期に書かれた『形而上学入門』においても、

「非隠蔽性は、それが作品をとおして成就されるときにのみ生起する。詩としての言葉の作品、神殿や立像における石の作品、思惟としての言葉の作品、これらすべてを基礎づけて保護する歴史の居所としての polis の作品などをとおして（さきに述べたとおり、ここでは「作品」はエルゴンすなわち非隠蔽性へと設‐置された現存者というギリシア的な意味に解さねばならない[16]）。」

とされている。ポリスこそ、あらゆるものの根拠として根底的な「作品」である。

「polis とは居所であり、所《ダー》、つまり、そこで、またそのようなものとして、現‐存在が歴史的なものとしてある

ような、そんな所《ダー》をいう。polis は歴史の居所であり、所であり、その中で、そこから、そのために歴史が生起する[17]。」あるいはまた「…人間自身の現存在そのものの根拠としての場所、すべての軌道の交叉するところ、すなわち polis ……[18]。」このようなハイデガーの言葉から、彼の歴史なるものへの思い入れをみることもできよう。ポリスとは真理の現成する場であり、それはまた歴史が生起する場でもあり、このようなものとしてポリスとはあらゆる可視的秩序の向こう側にある根源的なメタ秩序なのである。ハイデガーの「作品」論をこのように理解すれば、このメタ秩序の世界こそ、ハイデガーのいう「故郷」であり、また意味の源泉でもあることになろう。

ところで、ポリスが根源的な作品として歴史の場であることは右のとおりであるが、ハイデガーは人もまた「現存在」として、有ることそのものが開示される場であるとしている。そのようなものとしての人間とは、ギリシア的人間としての「有るものを受容する者として」の人間であるということである。つまり、

「有るものとは、立ち現れ自らを空け開くもの、すなわち現前するものとして、現前する者としての人間を襲うもの、換言すれば、現前するものを受容することにおいて自らを現前するものへとそれ自身を空け開く人間を襲うものなのである[19]。」

というように、有ることが自ら現われ出ることを人間は受容し、またそのように開示させる場としてあるということである。これと対置されるのが、いわば「故郷」を忘れた主体としての人間である。

「世界が像になるところでは、全体としての有るものは、人間がそれの準備をするもの、それ故に人間がこ

れに応じて自らの直前にもたらし、自らの直前に所有し、従って或る決定的な意味で自らの直前に立てようと欲するところのものとして、見積もられている（６）。従って世界像は、本質的に了解されるなら、世界についての像を指すのではなく、像として把握された世界を指す。全体としての有るもの（Das Seiende）は今や、直前に立てつつこちらへと向けて立てる〔表象し作成する〕人間によって立てられている限りで、初めて〈有るもので〔seiend〕〉であり、またその限りにおいてのみ〈有るもの〉である。[20]」

このような近世的な解釈は、世界を対象として立てることによって、世界を「単なる材料と機能」へ還元する危険性を増大させることになる。そしてその場合、

「人間は、世界を技術的に対象として構築することによって、そうでなくてもすでに遮断されている空け開かれたものへの道を、自ら故意にしかも遺漏なく建造物で塞いでしまう。[21]」

という帰結をもたらす。「世界」を支配しようとするアレント的「工作人」は真理への道を塞がれた人間として、疎外された人間なのである。

こうしてハイデガーの構図においては芸術作品によって開示される世界とそれによって打破される日常の世界という二つの世界が重層化されるとともに、人間は「現有（Dasein）」としてこの開示される世界の、現われへの回路である。

「人間はみずからにおいて開けている所《ダー》である。この中へ存在者が入ってきて作品へと達する。だからわれわれは言う。人間の存在は、語の厳密な意味において『現《ダー》－存在《ザイン》』であると。[22]」

つまり世界の空け開きが開示され、真理が現われ出るような場、つまりポリス的場所に人間が「現存在」として有ること、そのこと自体が作品を作ることを可能にするのである。作品とは存在の成就なのである。このような文脈でハイデガーは、作品を形成する「知」のことをテクネーとして、アレントとは異なった位置づけを行う。

「本来の意味での芸術と芸術作品とをギリシア人が特に強調して、techneと呼ぶのは、芸術が存在すなわち自己においてそこに立って現象を、最も直接的に一つの存在者（つまり作品）の中で立つことへともたらすからである。[23]」

いうなれば、存在の開示に立ち会った人間がテクネーによって、あるいはエピステーメー・ポイエーティケー（制作知）によって存在の開示を封じ込めた「作品」を作ること、これがハイデガーの「作品」のイメージであるといってよいであろう。[24] それではハイデガーのこのような「作品」論はアレントの「活動」といかなる共通点をもっているのであろうか。

注

（1）　Heidegger, M., *Gesamtausgabe, I. Abteilung: Veröffentlichte Schriften 1910-76, Band 5, Holzwege,* herausgegeben von Friedrich-Wilhelm von Hermann, Vittorio Klostermann, Frankfurt a. M. 1977, S. 4.（茅野良男・ハンス・ブロッカルト訳『杣道』、創文社、一九九三年、一〇頁）. ただし、訳語の統一のために変更した箇所がある。
（2）　Ibid., S. 30（邦訳、四一頁）.
（3）　Ibid., S. 30-31（邦訳、四二頁）.
（4）　Ibid., S. 32（邦訳、四四頁）.
（5）　Ibid., S. 32（邦訳、四三－四四頁）.
（6）　Ibid., S. 33（邦訳、四五頁）.
（7）　Ibid., S. 35（邦訳、四七頁）.
（8）　Ibid., S. 36（邦訳、四八頁）.
（9）　Ibid., S. 42（邦訳、五六頁）.
（10）　Ibid., S. 62（邦訳、七九頁）.
（11）　Heidegger, M., *Gesamtausgabe, II. Abteilung: Vorlesungen 1923-1944, Band 40, Einführung in die Metaphysik,* herausgegeben von Petra Jaeger, Vittorio Klostermann, Frankfurt a. M. 1983, S. 168（川原栄峰訳『形而上学入門』、平凡社、一九九四年、二六二頁）.
（12）　Heidegger, *Holzweg,* op. cit., S. 54（邦訳、七〇頁）.
（13）　Ibid.
（14）　Ibid, S. 49.（邦訳、六四頁）.
（15）　Ibid.
（16）　Heidegger, *Einführung in die Metaphysik,* op. cit., S.200（邦訳、三一一頁）.
（17）　Ibid., op. cit., S. 161（邦訳、二五一頁）.
（18）　Ibid.

(19) Heidegger, *Holzweg*, op. cit., S. 90（邦訳、一一一頁）.
(20) Ibid., S. 89（邦訳、一一〇頁）.
(21) Ibid., S. 293（邦訳、三二五頁）.
(22) Heidegger, *Einführung in die Metaphysik*, op. cit., S. 214（邦訳、三三二頁）.
(23) Ibid., S. 168（邦訳、二六二頁）. ハイデガーにとって「作品」とは世界の開けであると同時に存在の成就であるのであるが、別の個所では「世界があるところに――作品があり、そして、その逆に、作品のあるところに――世界がある」とも述べている。Heidegger, M., *Gesamtausgabe, II. Abteilung: Vorlesungen 1923-1944, Band 33, Aristoteles, Metaphysik Θ 1-3, vom Wesen und Wirklichkeit der Kraft*, Freiburger Vorlesung Sommersemester 1931, herg. von Heinrich Huni, Vittorio Klostermann, Frankfurt a. M., 1981, S. 146（岩田靖夫、天野正幸、篠原和久、コンラート・ハルドリアン訳『アリストテレス『形而上学』第九巻一 - 三』、創文社、一九九四年、一六六頁）.
(24) ダルマイヤーは、アレントの『人間の条件』とハイデガーの芸術作品論との関連を指摘していたが、ハイデガーの「作品を創造するテクネー」という発想には、いわゆる技術なるもののハイデガー的把握が現われている。ハイデガーは人間を主体とする世界支配的技術を批判し、芸術作品論にみられるような「テクネー」擁護論を展開するが、これはアレントの「仕事」における主体として世界を支配する立場に立つ「工作人」と「仕事」による芸術作品の産出という、「仕事」概念の重層性に引き継がれているといってもよいであろう（See, Dallmayr, op. cit.）。ただし、人間における意志的契機を否定しようとするハイデガーは、それにもかかわらず「テクネー」という技術を擁護しようとしたのに対して、「活動」のスプリングボードとしての「意志」をあくまで擁護しようとするアレントが、「テクネー」を人間事象の領域から排除しようとしたのは興味深い。

第三節　アレントとハイデガー

アレントは「活動」について「存在するもの一切がユニークで、唯一のもの」であるような世界として描くが、ハイデガーの「作品」観にある、道具的連関から離れた個々の有るもの、岩や木や青銅や音や光などといったものが、それ自体として輝き出るという「有（存在）」の世界と共通性をもつといえるのではないだろうか。以下、アレントとハイデガーの共通性と相違点について論じてみよう。

ハイデガーの「作品」は、「世界」と「大地」の闘争であったが、それは言い換えると、個々のものがまさにそれ自体であることと、ものがそれ自体であるということがその個々のものがそれとして現われて来る場を開示しているということとの一種のせめぎあいを指している。つまり個々の存在者はそれが通常の、日常的な意味連関を破壊して個体性それ自体を開示しえたとき、その開示はむしろそれが開示される場としての世界の開示であるということである。この世界の開示こそ、ハイデガーにおいては有の意味の開示である。したがって有の意味の開示とは脱日常へと到達した個体によってもたらされるのである。[1] 個々の存在者とそれが開示する有の意味、これをハイデガーは〈明け透かせつつ蔵しつつの結集〉としての「ロゴス」と呼んでいた。むろん、その「結集」（＝「ロゴス」）は、「背後に自分たちを総体的に包括するようなもの」をもたない「結集」であることはいうまでもない。[2]

ハイデガーのこのような個体性の現われと、それによって開示されるのではあるが、その個体性を現出せしめているところの世界、という個と共同性をめぐる捉え方は、アレントの「活動」と「現われの空間」との相互連関と重なるものがあるのではないか。アレントの「活動」が個体のユニークさを顕現させるための行為であることはこれまでも、また本章においても再三強調してきたが、日常性を打ち破り、偉大なものに到達しようとする「活動」によって、存在するもの一切はユニークなものになるのである。この「活動」は同時に「私が他人の目に現われ、他人が私の目に現われ」また「人々が単に他の生物や無生物のように存在するのではなく、その外観をはっきりと示す」空間としての「現われの空間」を現出せしめる。[3] この空間は「活動」の遂行とともに現われ、「活動」の消滅とともに消えるものとされる。もっともこの空間の潜在的な存在を支えるのが「権力（デュナミス）」であるとされており、遂行されていないということがただちに空間の不在を意味するということにはならないのではあるが。その点を措くとしても、「現われの空間」は個体のユニークさをそれとして提示する行為によって現出するのであるが、同時にこの空間なしでは個体のユニークさは現われ得ない。このように、まさに個体性が現われてくるところで、その個体性そのものによってそれらが現われるところの地平とでもいうべき共同性が現われるという論理は、アレントとハイデガーに共通してみられるものであるといってもよいであろう。いうなれば、背後的な、あるいは予め措定された秩序なしに、一種の共同性の空間が語られるのである。むろん、ここで指摘しているのは両者のいわば論理的同型性であって、ハイデガーのいうところの世界とアレントの「現われの空間」とが同一の意味内容をもつということではない（何がしかの共通点はあるにしても）。

さらにもう一点、両者の共通点は、彼らのポリス観にある。これまでみてきような共同性が開示される空間を両者ともポリスに設定するのである。ハイデガーは個体と世界との闘争という名の相互連関をポリスという場に設定し、アレントもまた、ポリスによって「すべての人が自らを際立たせ、行為と言葉によって、他人と異なるユニークな自分の『正体』を示す機会」が増えるという。[4] もちろんこれは「機会」の多寡の問題ではない。「ポリスというのは、ある一定の物理的場所を占める都市＝国家ではない。むしろそれは、共に活動し、共に語ることから生まれる人々の組織である」[5] といい、「活動」が生起する空間をポリスというのである。さらにアレントは、「政治の術とは、偉大で光り輝くものをもたらす方法を人々に教えるものである」と述べて、「ポリスが存在し、それが人々に異常なるものへの冒険に誘っている限り、すべての物は安全である。しかしポリスが滅びるとき、すべてが失われる」[6]という。いうなればここに「作品としての国家」というべきアレントとハイデガーの政治観が現われるのである。この政治観は、言い換えれば、芸術と相互依存の関係にある政治という見方である。

「文化が示しているのは、芸術と政治は、互いの抗争と緊張にもかかわらず内的に関連し、さらには相互に依存するということである。政治的経験、つまりそのまま放置すれば世界に何の跡形も残さずに去来する活動様式に較べれば、美は不滅性そのものである。言葉や行いの束の間の偉大さは、美がそれに付与されるかぎりでのみ、世界のなかで時の移り変わりに耐えることができる。美なくしては、すなわち、潜在的な不死性を人間の世界のなかで明示する輝かしい栄光なしには、人間の生全体が不毛であろうし、どのような偉大さも時の移り変わりに耐えることはできないだろう。[7]」

アレントはこのように政治と芸術の内的連関を述べ、続けて「芸術と政治を結ぶ共通の要素は、両者がともに公的世界の現象だということである」としている。

ここでこのように指摘するのは、両者を「国家―唯美主義」（ラクー・ラバルト）として論難したいがためではない。ハイデガーの「作品」論において指摘したように、両者にとって芸術こそが日常の意味連関を打ち破って新たな世界へ人々を誘うのである。芸術あるいは美は、非日常への扉なのであり、公的世界の存在を明るみに出すのである。こうして両者は芸術のうちに非日常の世界を見出し、そこに個体性によって開示される共同の空間をみようとしたのである。

両者の相違は、この芸術によって、ハイデガーは忘却された「有（存在）」がふたたび想起されると期待したのに対して、アレントはハイデガーも含めてプラトン以来の哲学が忘却した実践（＝「活動」）こそが想起されると期待したことであった。さきにも述べたように、ハイデガーは一種のメタ秩序あるいは意味の源泉ともいうべき有（存在）の世界が日常の秩序を打ち破って現出することを期待したのであるが、この源泉は人間の作為を越えた形で述べられていた。これに対してアレントは「活動」という実践を強調することで、あくまで人間の作為性を強調するのである。むろん、ハイデガーにおいてもこの有の世界は現有としての人間を通じてしか現われえないのであるが、しかしそれはこの源泉自体が人間の手になるものであることにはならない。これに対してアレントにとっては意味の源泉自体が人々の共同の実践によるのである。この違いは、両者のポリス観にも現われており、ハイデガーのいうポリスが有の開示の場として位置づけられているのに対して、アレントの場合は法的政治空間として捉え直されていく。アレントにとって政治的空間とは、あくまで具体的な法的世界なのである。

このような両者の相違は、彼らがその出現を訴える非日常の世界の現われ方をめぐる考察にも影響を及ぼしている。アレントについていえば、彼女は、共同の実践という契機をけっして手放さないのであるが、その折り、新しい世界の「はじまり」は、いかにしてはじまるのかという問いを前にして、ある難問に直面する。その問題とは、人々はどのようにして日常を捨て、共同の実践へと立ち上がるのかという問いである。この問いをめぐる考察において、アレントの論理はむしろ、『有と時』の、いわゆる初期ハイデガーと近い立場にあるといえるのである。以下、その論理を追ってみよう。

1　脱日常の論理

「活動」は行為の遂行によって日常の「疎外」が克服された非日常の世界、まったく新たな世界を開示する行為である。アレントはそのような「活動」と等置される「自由」についても新たな世界の開示として、次のようにいう。「以前には存在しなかったもの、認識や想像の対象としてさえ与えられておらず、したがって厳密にいえば、知ることさえできなかったあるものを存在せしめる自由[8]」こそ政治的自由である、と。あるいはまた意思論においても、出来事が常に先行する事象に可能的に含まれると考えることに対しては、アレントはまったくばかげたことであると述べている。日常を超えた世界の開示、非日常の偉大さの世界の到来こそ「活動」に期待されている事柄なのである。

しかしこのような「活動」へ人々が乗り出すには、現状を乗り越えられるべき事態として、たとえば「疎外」された状況として認識し、それを越えようとするパトスが必要であろう。何かが現状の「問題」を明示的に照らし出さなければならない。では何によって「活動」は導かれるのか。「活動」を誘発するものは何か。現状は否定され「ねばならず」、新世界が開示「されねばならない」。いうなれば新世界の必然性が示されなければ「活動」は単なる空想に過ぎない。その「必然性」はアレントにおいてどう示されるであろうか。これは「はじまり」はいかにして「はじまる」かという問いであるとともに、「活動」の担い手たる公的人間はいかにして成立するかという問いである。しかしこの問題の取り扱いには多少の但し書きが必要であるかも知れない。というのはすでにヴィラがケイティブのアレント像を批判する際に、このようなアレントの読みを批判していたからである。

「もし政治的行為が実存的使命を満たし、そうでなければ悲劇的となってしまう条件との和解をもたらすためのものであるなら、絶対的命題として、『すでに常に』世界において安んじている集団－共同体が存在していなければならない[9]。」

ヴィラの批判の趣旨は、疎外の克服というアレントの読みでは、「活動」をそのための手段としてしまい、また帰るべき、疎外のない「故郷」の探求という形で、アレントの思想をきわめて保守的なものにしてしまうというものである。

たしかに、アレントの「活動」を手段的に読むのは誤りであろう。制作的政治観はアレントのもっとも強く批判するところであった。むろん、前衛集団の存在などというのは論外として、他方でアレントの「活動」は個の生の意味の救済のために提起されたものであるということも、アレントの議論において明瞭なのである。個の意味が救済されるのは「活動」が開示する世界においてであって、そのこと自体、個の意味が失われつつあるとされる大衆社会への批判である。そうでなければ、「活動」はそれ自体無意味なものになってしまう。大衆社会状況と「活動」が開示する世界という二つの人間のあり方が対照されているのは、「活動」の記憶を呼び覚まし、大衆社会とは別の世界を提示するためにほかならない。この場合、「活動」を、それによって個の意味を救済する手段として捉えるのは正確ではない。「活動」はその遂行それ自体のなかで個の意味が救われるのであって、そうであるがゆえに目的そのものである。「活動」という手段によって個の意味が救済されるのではなく、「活動」自体がすでに意味なのである。たとえていえば、「活動」によって自由が実現するのではなく、「活動」が自由そのものなのである。これはちょうどアレントにおいては政治によって自由が実現するのではなく、政治が自由そのものであるのと同じである。「活動」によって疎外が克服されるのではなく、疎外が克服された状態が「活動」なのである。「活動」によって何かが実現するのではなく、何かが実現した状態が「活動」であるということである。これは論理上、「活動」の外側に何らかの目的を設定しないということを意味する。しかし、そうではあっても、人を「活動」へと立ち上がらせるのは何か、なぜ人は「活動」へと向かうのかという問いは依然として問いでありつづける。

そこで以下において、この問いに対する回答を試みるわけであるが、その際、中心的な論点となるのは、アレントにおける意識変革の論理である。アレントは、「活動」は公的人間によって遂行されるとしているが、その公的人間を支えるのは公的人間たらんとする意識のみである。[10] したがってこの意識変革はいかに遂行されるのかが問うべき問題となる。

ところで、ここで意識変革による「新しいはじまり」という場合、想定されているのは、きわめて実存哲学的な変革の論理である。われわれは前章で、十九世紀的諸価値の崩壊が新しい何かを求めさせたという時代状況を検討し、アレントの政治をめぐる考察もそのなかで展開されたことを指摘したが、ここで問うのは、そのような既存の諸価値の崩壊と「歴史の真空」のなかで、新しい何かを求めて立ち上がってくる個の論理である。アレントにおいて、この意識変革の論理はどのように展開されているのか。この問題の詳細な検討に入る前に、そもそも意識変革というのはどのような論理であるのかについて、先に指摘したように、ハイデガーの『有と時』に目を転じて、アレントの論理を考える手掛かりを得ることにする。

アレントがハイデガーの思想の圧倒的影響下にあったことはいうまでもないが、ここでハイデガーを取り上げるのは、現状を乗り越え新たな世界を切り開こうとする発想の典型例を、ハイデガーの思想は提出していると考えるからである。むろん、「有（存在）」の意味を考えるという課題を追求したハイデガーをこのような視点から取り上げるのは、多少問題なしとしないかも知れない。しかし、アレントとの関係でみたとき、ハイデガーをこうした視点から読むことは、アレント自身もこのような観点からハイデガーに言及していることもあり、[11] 少なくともアレントの思想的特徴を浮き彫りにするには有益であろう。そこでアレントにおける議論を検討する前提としてハイデガー哲学における意識変革の論理を、「世人」と「本来的自己」とを対置させた『有と時』を素材としてみておきたい。

『有と時』のテーマが「有」の意味への問いにあり、この意味への問いを「現有」の実存論的分析によって遂行しようとしたものであることは周知のとおりである。しかし、この書はこれまでもしばしば実存主義の代表作といわれたように、きわめて能動主義的、主意主義的論調が強く出ている著作である。「有」の意味の追求を強調するハイデガーの意図とは多少ずれるのかも知れないが、ここで脱日常の論理をこの書のなかに跡づけてみよう。つまり、非本来的実存から本来的実存への展開を跡づけてみるということである。

ハイデガーにおける日常から非日常への乗り越えの論理をみるということは、右に述べたように、非本来的実存から本来的実存への転換の論理を取り出すということであるが、留意しておきたいのは、ハイデガーの次のような言明である。すなわち、

「現有が彼の本質に従って可能的な本来的な現有であり、すなわち自己自身に委ねられた現有である限りに於てのみ、現有は、自己自身を喪失してしまったり、未だなお獲得していなかったりし得るのである。本来性と非本来性という両方の有の様態――これらの表現は厳密な語・の・意味において術語的に選ばれたのであるが――それらは、現有が総じて各自性に依って規定されて有るということに、基づいている。[12]」

ハイデガーの本来性、非本来性という用語についてはあまりにも有名であるが、さしあたり現有がその各自性

においてあるか否かという相違であるとしておく。重要なのは、ここでハイデガーは、本来性が基底にあるがゆえに、非本来性というあり方もまた可能になる、といっている点である。ところが『有と時』の論述全体は、逆に非本来性からはじまり、本来性に至るという順序で書かれている。つまり非本来性のうちにある現有が、何らかの理由で目覚め、本来性に至るという順序なのである。本来的実存がいかにして非本来的になるのかということではなく、所与のものとして与えられているのは、非本来的なあり方なのである。つまり、この場合、いわば目覚めの論理が必要となるのである。では非本来的なあり方とはいかなるあり方であるのか、そしてそれは何故目覚めるのか。

「現有」はいわゆる「世界内存在」というあり方をしているのであるが、このような現有の、世界の-内に-有るというあり方は、ハイデガーによって同時に世界の内に没入して有るというあり方として把握される。これは非本来的とされるあり方であるが、世界の-内に-有るというのは、本来的なあり方の基盤でもあることはいうまでもない。非本来的あり方の場合、現有は日常的なあり方としての「世人」であるとされる。そして「現有」の世界は他人とともにある「共世界」であるが、しかしこの場合の「共に」は、単に他人を「数」としてのみ考慮したものであり、真面目な「関わり合い」を考えたものではない[13]のである。このいわゆる世間一般を意味するところの「世人」の記述にいたって、その「非自立性と非本来性」[14]を強調しつつ、ハイデガーの論調は明確に批判的な色彩を帯びてくる。そして「世人」という自己を失った非本来的あり方からいかにして本来的あり方を導くのか、これがハイデガーの論理の要となってくる。むろん、「世人」というあり方が一つの実存疇であるように、本来的自己もまた主観の例外状態ではなく、一つの本質的な実存疇である（「実存」とは、現有が自己自身を関わらせているところの有それ自身をいう）。

ハイデガーは「現の実存論的構成」を情態性として捉え、第二九節以降において周知の分析を行っている。ここでも本来性・非本来性という対比が議論の焦点となっている。むろん、ハイデガーは随所において「非本来性」という言葉は否定的な評価を含意するものではないと述べているが、しかしそれでも非本来性とはやはり「世人の内に自己を喪失し地盤喪失性へ頽落[15]」することをいうのであり、その意味では「現有は或る疎外へ、つまり最も自己的な仕方で有り・能うことが現有に隠蔽されるという疎外[16]」へ至った事態なのである。それでは「世人」というあり方をしている現有が自らを「疎外」されていると感じるのはいかにしてか。現有それ自身の内に存していて、しかも現有にその有を見通させるものとは何か。こうハイデガーは問いながら、それを「不安」という現象に求めるのである。

　不安とは、世界を世界にたらしめている指示連関全体がその重要性を失い、全くの非指示性のうちに迫ってくることをいう。このとき世界は世界として開示されるのである。つまり「無、すなわち世界としての世界[17]」が明るみに立ち、世界は何ものも提供せず、他の人々と共にあることも何ものも提供しないという事態がもたらされるのである。しかしこの「無」こそ、現有を自己自身へと個別化するのである。

　「不安は現有の内で、最も自己的な〈仕方で〉有り・能うことへの有を顕わにし、すなわち、自己－自身を－選び取り－且つ－掴み取るという自由へ向かって開かれて有ることという意味での自由で有ることを顕わにする[18]。」

すなわち「彼の有の本来性へ、直面せしめる」のである。しかし、不安において本来性への道が開かれるとしても、この本来性なるものが突如として現われるわけではない。本来性は現有の構造のうちにすでにあるものでなければならない。ハイデガーは「最も自己的な〈仕方〉で有り・能うことへそれ自身を企投しつつある関わって有ること」を「現有がそれ自身に－先だって－有ること[19]」として捉えている。むろん、「最も自己的」といっても

「無世界的な『主観』の内に存する或る隔絶された傾向というようなことを意味しているのではなくして、世界の－内に－有ることを性格づけている。然るに、このことには、現有が彼自身に引き渡されつつその都度或る一つの世界の内へ投げ入れられて有ることが　属している。[20]」

とハイデガーは述べている。

そこでハイデガーは現有を「慮（Sorge）」として捉え直すことによって、現有の有において、現有の開示性と「発見しつつ有ること」とが前提として含まれていることを指摘している。つまり世界の内に有るということ、言い換えれば世界内部的に有るものを発見しつつ有ることが、最も自己的な〈仕方で〉有り能うことの前提として現有にはすでに含まれているということである。つまり当初述べていたように、現有というあり方はすでにハイデガーがいうところの「真性」のうちに有ることを意味しているのである。しかしそうはいっても

「現有が『現で有ること』の内へ入って来ることを意志するか否かに関して、曾つて現有は彼自身として自由に決断したのか、更にまたそのことに関して現有は何時か決断し能うようになるのか。一体何故に、有るものが発見されて有るべきか、何故に、真性と現有が有らざるを得ないのか、ということは、『それ自体に於

て』些かも洞察されない。[21]」

ということは、何が現有をもっとも自己的なものに向かって決意せしめるのかという問いは未だ答えられていないということである。ハイデガーは「不安」において個の個別性を導いたが、それだけでは個が自己的なものに向かっていく論理にはならない。現有を駆り立てるものを「構成的－独断的に押し付けてはならない」のである。そこで持ち出されるのが、まず「死」への先駆けである。しかし

「この実存論的には『可能な』死への有は、なお〈それだけでは〉実存的には或る空想的な強要に留まっている。現有の本来的な全体的に・有り・能うことのオントローギッシュな可能性は、それに対応するオンティッシュな有り・能うことが現有それ自身から証示されていない間は、何事も意味しない。〈それでは〉果たして現有はそれ自身をその都度事実的に、このような死への有の内へ投げるか。[22]」

といい、ハイデガーは次に「良心」なるものを持ち出す。

ハイデガーはこの「良心」の叫びとそれによって引き起こされた覚悟性こそ、本来性への通路として強調する。

「ひと〈という有り方で〉の－自己を本来的に自己で有ることへ実存的に変様すること、そのことは、或る一つの選択を後から取り戻すこととして、遂行されざるを得ない。然るに、選択を後から取り戻すことは、この選択〈するということ〉を選択することを意味しており、つまり〈世人の自己ではなくして〉自分の自

己にもとづいて、或る有り・能うことへそれ自身を決断することを、意味している。選択を選択することに於て、現有は初めて、彼の本来的に有り・能うことを、それ自身に可能にする。[23]」

この選択を促すものは「良心」である。「良心」とは、不安において自己性に気づいた現有の叫びなのである。ハイデガーは、自己性に気づいた現有は、不安を受け入れ、本来性へ向けてそれ自身を投企することを覚悟性と名づけ、この覚悟性の内に現有が、本来的自己を共存在というあり方において取り戻すことを期待する。覚悟性とは、

「共に有る他の人々を彼等の最も自己的な〈仕方で〉有り・能うことの内に『有ら』しめ、この有り・能うことを〈彼等に〉先立って飛躍しつつ－解放する顧慮に於て〈彼等と〉共に開示する、という可能性[24]」

である。「覚悟せる現有は、他の人々の『良心』に成り得る。[25]」

それでもハイデガーは、現有が自己的であることへと立ち上がるよう促すことの実存論的解釈の正当性はどこにあるかと疑問を呈し、また実存論的解釈は実存的な可能性と拘束性とに関して、強権命令を引き受けるものではない[26]、とはいうのであるが、しかし現有を本来性へ向かって決意せしめる契機としては、この覚悟性があるのみである。そしてこの覚悟性は、現有の時間的構造の解明によって基礎づけられる。本来的自己の回復という観点からみたとき、取り戻されるべき本来性は、現有にとって、すでに有るものでなければならない。現有の時間構造は、取り戻されるべきものが、過去に由来するものとして、すでに現在に含まれているという論理を構成し

ている。本来的なものは既有において含まれているという論理でなければ、ハイデガーの本来性という概念自体が空想となってしまうのである。「本来的に将来的に〈有ることに於て〉現有は本来的に既有的に有る。[27]」そしてこの既有性は将来から発源するものとされ、「既有し‐現前する将来として統一的な現象を、吾々は時性と名づける。[28]」このように述べながら、ハイデガーは、現有の時性を日常性と歴史性と時間内部性として仕上げていくのである。

「無世界的な主観が歴史的に有るということではなくして、世界の‐内に‐有ることとして実存する有るもの〈すなわち現有〉は歴史的に有るということである。[29]」

というように、現有を歴史的存在として捉えるのである。これまでの論述から明瞭であるが、現有の日常性とは非本来的なものであり、それは伝統や歴史といったものについても同様である。そこでの伝統や歴史は本来的自己を忘却させてしまう。では本来的歴史性とは何か。

「本来的実存理解はその都度、伝来された被解釈性から発するとともにその被解釈性に反対して、然も再びその被解釈性のために、選び取られた可能性を、決意の内に掴み取るのである。[30]」

こうして本来的歴史学は、頽落的公開性から自己を解き放つとされ、それは必然的に現代の批判であるとされる。少し長くなったが、ハイデガーの『有と時』を右のように振り返ったとき、ここで押さえておきたいのは次の論点である。すなわち、変革の起点あるいは変革主体としての人間のありようは、ハイデガーにおいては現有の意識変革とそれに対応する「世界」の重層性として語られているということである。

この場合、歴史変革の起点をハイデガーは、人間の「有」への覚醒に求める。そのために不安、死、良心といった概念が駆使される。ハイデガーのいう覚醒は、彼自身何度も強調しているように、けっして世界から隔絶された主観の行為ではない。そうした主観性を脱したところに「有」としての実存の世界があるのである。しかし、それにしても主観を脱し、「有」へ目覚めるというのは、一面では人間の意識変革として捉えざるをえない面をもつことは否定できない。これまでみてきたように、少なくとも『有と時』にはこうした意識変革的な論調が読みとれないわけではない。ただ、これを「決断主義」というか否かは別にして、このような傾向は、ハイデガーのみではなく、たとえば『歴史と階級意識』のルカーチなどのハイデガーの同時代のマルクス主義者においても、変革の「主体」あるいはそれを生み出す意識変革が求められたりしてもいる。人間の主体的行為による歴史の変革という論理である。歴史の変革を展望するハイデガーにおいて、このような人間の主体的行為による変革という論理が垣間みえるとしてもそれほど不思議なことではないであろう[31]。

他方、世界の重層性についてはどうか。ハイデガーにおける実存が非本来的実存から本来的実存へと覚醒していく論理はみたとおりであるが、ハイデガー自身強調しているように、このような実存の変様は、しかしながら一貫して世界内存在というあり方に規定されつつ遂行される。その場合、「日常性」において現われている世界はいったん「無としての世界」へと様相が転換され、そこから自由へと開かれた空間が現われるとされるのである。それはすでに現有に属していたところの可能性へと帰っていくことでもある。するとハイデガーのいうところの世界には「日常性」とともに「非日常性」という「記念碑的」可能性の世界とが重層化していることになる。つまり変革の起点は日常における「日常性」の背後にあるということである。この日常の重層化の論理は、先にみた「芸術作品」論においてもみられたものであり、ハイデガーの論理的特徴として位置づけてもよいであろう。

では翻ってアレントはどうか。ハイデガーにおいては不安（と覚悟性）という実存的契機が、あるいはその後は芸術作品という契機が、世界の「無」を現出させ、個を個別化された変革の起点へと駆り立てるものとして論じられていた。ではアレントにおいて個を変革起点たらしめるものは何か。彼女の場合、この問題は、自発性の根拠、「はじまり」をはじめるのはなぜかという問題である。アレントの著作のいくつかをこの観点から今一度検討してみよう。

2 アレントにおける日常と非日常

自発性や「はじまり」というのは、アレントの「活動」に付与された特性であるが、主著『人間の条件』においてこの「活動」は、人間の存在様式としては「労働」の対極に位置づけられている。画一化し機能化した人間の姿を表わした「労働」は、日常性を打ち破り個体のユニークさを輝かす「活動」の正反対にあるのである。では、このような「労働する動物（animal laborans）」はいかにして「活動の人（man of action）」となるのであろうか。しかし、この問いは『人間の条件』において答えられることはない。理由は二つある。一つは『人間の条件』という書物の性質からくるものであり、今一つは「活動」という行為類型の性質からくるものである。

まず前者についてみていこう。この著作において展開される行為の三類型、すなわち「活動」、「仕事」、「労働」は、人間の存在様式としてみれば、それぞれ古典古代、近代、現代というモデルをもち、その世界観と人間学的意味が論及される。簡略化していえば、それぞれ間主観的相互行為の世界、主体－客体の分離と主体が支配する世界、そして主観のみの「無世界」という人間のあり方を示している。彼女の「世界疎外」という概念を想起すれば、第三のあり方が全き批判の対象となっていることは明瞭である。しかし他方でアレントは、これらはわれわれが日常行っている行為の三類型であって、それぞれの間に優劣はないとも述べている。アレントは「われわれは何を行なっているのか[32]」が本書のテーマであると述べ、「活動」は言論活動を、「仕事」は物の制作を、「労働」は生命維持にかかわる事柄を、それぞれ担当しているとしている。こうした観点からすれば、これら三つの行為はいずれもなくてはならないものなのである。つまり『人間の条件』は古典古代の政治をモデルとした近・現代への強烈な批判の書であるとともに、他方では人間の行為の現象学的説明という体裁をとっているのである。後者の視点がある以上、「労働」が「活動」へ変化する論理などというのは、きわめて不可解な事柄となるのである。

今一つの理由である「活動」自体の性質についてはどうか。アレントが強調するように、「活動」はあらゆる目的や動機から解放されていなければならない。何かのためになすのは「活動」ではない。つまり「活動」は手段ではないのである。これはさきに指摘したように、「活動」と等置される政治もまた手段ではないということである。政治は自由を達成するための手段ではなく、政治は「活動」として自由そのものであるというのがアレントの主張である。このアレントの主張は、彼女のいう「活動」とは人々が何かを達成するために行っている行為をさすのではなく、つねに遂行中であること自体に意味があるような行為を指すということである。言い換えれば「活動」とは、「活動中」であるということを意味するのである。ということは、人がなぜ「活動」へ向かったかは、アレントにおいては問題とはならず、「活動中」であることだけがアレントにとっては有意味なことなのである。「活動」へ向かう動機はアレントの視野の外に置かれるのである。

こうして、機能化された日常から日常性打破の「活動」へと人が主体化する論理は、「活動」概念をめぐる論述においてはアレントによって明示的に語られることはない。「活動」はいわゆる問題解決型の行為ではないという前提のために、しばしば「活動」の無内容さが指摘されるように、「何のため」あるいは「なぜ」という問いは予め締め出されている。したがってその場合、「労働する動物」から「活動の人」への転換の論理という、「問題」への立ち向かいの論理もまた不在ということになるのである。たしかにアレントは、「活動」という個のユニークさが顕現する行為を、生の意味をめぐる実存的不安や大衆社会における「余計者」意識の対極においていることは明瞭なのであるが、これはあくまで対極におかれているだけであって、実存的不安がいかにして「活動」へと至るかというプロセスや「余計者」意識をもった大衆がいかにしてその状況を打破するのかといった問題は、そもそも設定されていないのである。「活動」はしばしばハイデガーのいう本来的実存との親近性が指摘されるが、「活動」という行為を説明するのに実存的内面的論及がほとんどないことからも、アレントとハイデガーの間にある個体性へのアプローチの仕方の相違が分かるであろう。

しかし、「活動」は自発性に支えられた「自由」が現われる行為である。この場合、いかにして「活動」へと立ち上がるのかという問いは、人間には本当に「自発性」なるものがあるのかという問いへと形を変えて問い直すことは可能であろう。実際、アレントも最後の著作『精神の生活』においてこの問題を扱っている。人間は精神の作用によって「自分がそこに生まれてき、またそこで制約を受けている現実を肯定的にも否定的にも評価することができる」[33]のであり、「われわれが行動する際の原則とわれわれが自分の生活について判断し行動する際の基準は、究極的には精神の生活によって成り立っているのである。[34]」つまりこの著作によってアレントは個の内面へと議論の場を移すのである。したがってこの著作は、ある意味でいえば、きわめて実存主義的な著作であるともいえる。そしてアレントが最後の著作で個の内面へと思索の場を移したことは、彼女の思想全体にとって少なからぬ意味があると思われる。その「意味」を考えるためにも、まずはこの著作を振り返っておこう。

自発性のありかという問題であるので、中心は意志論になるのであるが、その前に思考論も簡単に振り返っておく。アレントの思考論が、アイヒマン裁判を契機としていることはよく知られているとおりである。アイヒマンの行った「悪」と彼にみられる「考えない」ということとの間には何か関連があるのではないかというアレントの問題提起である。ここで「考えない（non - thinking）」ということはアレントにとって次のような事態を意味する。すなわち、「特定の社会で特定の瞬間に処方された行動規範をしっかりと守るように人々に教える」[35]ことであり、また「その場しのぎの判断に頼り、慣習と習癖、すなわち偏見に依拠する」ということである。[36]逆にいえば、思考つまり「考える」ということは、単なる知識の獲得や真理の獲得などを目指すのではなく、意味を問う営みなのである。それは「公認の教えや規則を容赦なく切り崩して新たに問題[37]」にするような営みである。こうしてアレントは「考える」ということを意味の探求、社会規範の吟味という方向で捉え、これを「一者のなかの二者」という内的対話として提起する。ここに「考える」ということが良心と結びつくきっかけが与えられることになるのである。ここで注目しておきたいのは、社会規範の崩壊ということは、日常からの離脱ということと深くかかわっているということである。

社会の通常の意味連関が崩壊するということ、つまり日常性の剥離というのは、ハイデガーが『有と時』において、不安によって世界が世界として迫って来る、という無意味化した世界について論じていたのと符合する。ハイデガーが不安ないしは死への恐れという情態において語っていたことが、アレントにおいては思考によって実現するのである。アレントにとって思考とは、世界からの退却という、「人々の間にあることを止める」という一種の「死」のうちに遂行される。[38] この「死」をアレントはハイデガーのいう「死」と重ね合わせつつ、次のようにいう。

「『有と時』における若きハイデガーでさえも、死を予感していることが、人間が本来の自己に達し、世人という非本来性から解放される決定的な経験だとしたのである。[39]」

アレントのこうした言明からも、彼女が思考という営みを、ハイデガーのいう世界を支える指示連関の崩壊という事態と相応したものとして考えていたことが推測される。しかし、ハイデガーがここから本来的自己への通路を探ろうとするのに対し、アレントのいう思考はこうした方向を示さない。彼女のいう、一般規範を崩壊させる思考という営みは、それによって一般規範なしに個別的なものを判断する判断力の解放が期待されているのである。とはいえ、一般規範の崩壊は新たな世界を切り開く準備ではある。では新たな世界はいかにして切り開かれるか。これが「意志」に期待される事柄である。

　アレントの意志論とは、他面自由論でもある。政治を自由と等置するアレントにとって、個人にのみ有意味な哲学的自由に対して共同の自由である政治的自由こそ、意志論において強調されねばならない事柄であった。アレントはこの意志について、二つの側面を強調する。すなわち、新しいことを始める能力としての意志と個体化原理としての意志という側面である。アレントはあくまで「はじめる」能力、および個体化の原理としての意志を守りながらも、同時にそれが独我論に陥らないよう、自由を意志へと還元せずに共同の自由、政治的自由へと転換することを主張するのである。アレントにとって意志へ還元された自由が哲学的自由として世界とかかわりをもたない観念的自由であるとすれば、政治的自由とは、アレントによれば「世界を変革する」自由である[40]。いうなれば「活動の源泉」として意志を守りながらも、「活動」それ自体は共同の行為として守ろうということである。これは次のようにもいわれる。「哲学的自由、意志の自由は、政治的共同体の外で、一人になった個人としての人々にのみ重要である[41]。」のに対して、

「政治的自由は、人間一般によってよりはむしろ市民によって所有されるので、共同体のなかで、すなわち共に生きる多数の市民が、法律、習俗、習慣その他非常に多くの『関係』によって統制された言葉と行為のなかで交際する共同体のなかで現われることができる[42]。」

という。

こうして思考論、意志論において個体が「はじまり」へと至る道筋を描いていくのであるが、しかしその道筋はけっして必然的なものではない。むしろ、「はじまり」の偶然性こそが強調される。つまり、自由とは、してもしなくてもよいことを「はじめる」ことであり、なぜしてもしなくてもよいことをするのかというのは、まったく偶然であるというのである。

「私が一度ならず言ってきたように、朝ベッドから起き上がったり午後に散歩したりしようといった決意から、将来にたいして自分を拘束することになる最高次の決断に至るまで、そうしたことが自由な行為であるかどうかの試金石は、常に、実際行なったことを行なわないままにしておくこともできたはずだ、というこ

とをわれわれが知っていることなのである。[43]」

これが自由であるとともに、「はじまり」の偶然性ということでもあるが、同じことはこうもいわれる、すなわち「実際に起きた時点でそれと正反対のことも起こり得たようなものである。[44]」人が何かをはじめるかはじめないかがまったくの偶然であるとすれば、たとえ人が「生誕（natality）」という事実によって「はじめる」能力を付与されているとしても、「われわれは誕生することによって自由たるべく運命づけられている[45]」にすぎないということになろう。

最後の著作『精神の生活』はこうして既成秩序の崩壊を論じる「思考論」と「はじまり」に向かう内発性を論じる「意志論」によって、個の内面的覚醒の論理を探ろうとしたのである。われわれはここに、さきにみたハイデガーの『有と時』における実存的覚醒の論理とパラレルなものを見出すことができる。ここに「新しさへのパトス」ともいうべきアレントの基調が明確になる。既成秩序を打破する「出来事」が生起し、そこから新たな世界が現出するという展望である。その論理の要となるのが、ほかならぬ、この個の覚醒という出来事なのである。これが行為からみたペルソナという人間像へとつながっていく。

しかし彼女の論理においては、意志と活動の間には架橋できない溝がある。意志は「活動の源泉」であるが、しかし活動を意志の延長線上において語ることはできない。意志を孤立した個の内面に位置づけるアレントにとって、個の内面と共同の行為は同じ平面上に位置づけることはできないのである。アレントが意志と活動の断絶を「自由の深淵」と呼ぶとき、その深淵とは「偶然性」の深淵でもあるが、同時にそれは個の内面と共同の行為との間の深淵でもあるといってよい。つまり内面的覚醒はそのまま活動となって現われるわけではないのである。とすると、ここに問われるべき問題が出てくる。すなわち、何が活動を成り立たせるかという問題である。内面的決意は「活動」への準備ではあっても、それ自体が「活動」を「現実化」するわけではない。

では、「活動」を現実に「活動中」たらしめるものは何か。これについては答えはすでに出ている。「語る」という行為に現われる、事象に対する共通の関心というのがその答えである。「活動」とは、対象への関心を共有し、それについて語り合うことによって現実に生じている状態となるのである。ではその対象とは何か。実は、この対象をどう措定するかというのが、アレントの論理における一つのアポリアとなっている。「活動」は問題解決型ではないことはすでに述べた。そうすると「対象」とは「解決すべき問題」ではないことになる。しばしば指摘されるところの、アレントにおけるいわゆる社会問題の排除である。この点についてアレントに対して多くの批判が寄せられていることは周知のとおりである。アレントの議論がこの点において一つの弱点をもっていることは認めざるをえないであろう。しかし、問題はこれに止まらない。

「語る」という行為が新たな出来事のはじまりであるとすれば、「語る」人々もまた、既成秩序の外部から、覚醒した個人として登場するのであろうか。そうであるとすれば、この個々人はどのようにして連帯しうるか。むろん、アレントはこのような問いは立てない。政治的に、つまり公的に行為する人々は、すでに一定の諸関係の中にある人々なのである。むしろ諸関係の中にあってはじめて公的に行為しうるというのである。当然、ここには新しさを求める個と諸関係において成立する個という、本章冒頭で指摘した問題が出てくる。つまり、新たなはじまりをもたらす行為と諸関係を前提とした行為という、二つの行為観の関係如何という問題である。これはアレントの描く共同体像の基本的性格にもかかわってくるであろう。最後にこの点にふれて本章を閉じることにしよう。

注

（1） Heidegger, *Einfuhrung in die Metaphysik*, op. cit., S. 66-67（邦訳、一〇七‐八頁）.
（2） Heidegger, *Holzweg*, op. cit., S. 353（邦訳、三九五頁）.
（3） HC, pp. 198-199（邦訳、二二六頁）.
（4） HC, p. 197（邦訳、二二四頁）.
（5） HC, p. 198（邦訳、二二六頁）.
（6） HC, p. 206（邦訳、二三四頁）.
（7） BPF, p. 218（邦訳、二九五頁）.
（8） BPF, p. 151（邦訳、二〇四頁）.
（9） Villa, R. D., "Hannah Arendt : Modernity, Alienation, and Critique," in *Hannah Arendt and the Meaning of Politics*, edited by Craig Callman and John McGowan, University of Minnesota Press, 1997, p. 186.
（10） 川崎は、「活動」へと人々が赴くのは「決意」によるのみであると述べている。川崎修『アレント』講談社、一九九八年、三一二‐三一三頁。
（11） LM II, pp. 182-183（邦訳、下、二一八‐二一九頁）. ここでアレントは「本来的自己」を「個体化原理」として捉え、ベルグソンの「純粋自発性」と重ね合わせて言及している。
（12） Heidegger, M., *Gesamtausgabe, I. Abteilung : Veröffentlichte Schriften 1914-1970, Band 2, Sein und Zeit*, Vittorio Klostermann, Frankfurt a. M.,1977, S. 57（邦訳、六八頁）.
（13） Ibid., S. 167（邦訳、一九三頁）.
（14） Ibid., S. 171（邦訳、一九七頁）.
（15） Ibid., S. 235（邦訳、二六八頁）.

（16）Ibid., S. 236（邦訳、二六九頁）.
（17）Ibid., S. 249（邦訳、二八二頁）.
（18）Ibid., S. 249-250（邦訳、二八三－二八四頁）.
（19）Ibid., S. 255（邦訳、二八九頁）.
（20）Ibid.
（21）Ibid., S. 302（邦訳、三四三頁）.
（22）Ibid., S. 353-354（邦訳、三九八頁）.
（23）Ibid., S. 356（邦訳、四〇〇頁）.
（24）Ibid., S. 395（邦訳、四四五頁）.
（25）Ibid.
（26）Ibid., S. 414（邦訳、四六四頁）.
（27）Ibid., S. 431（邦訳、四八四頁）.
（28）Ibid., S. 432（邦訳、四八四頁）.
（29）Ibid., S. 513（邦訳、五七一頁）.
（30）Ibid., S. 507（邦訳、五六五頁）.
（31）参照、Goldmann, L., *Lucàcs et Heidgges,* Fragments posthumes etabliset présentés par Youssef Ishaghpour, Denoël-Gonthier, 1973. リュシアン・ゴルドマン、川俣晃自訳『ルカーチとハイデガー』法政大学出版局、一九八八年（初版、一九七六年）。木田元『ハイデガー』岩波書店、一九八三年。
（32）HC, p. 5（邦訳、八頁）.
（33）LM I, p. 71（邦訳、上、八三頁）.
（34）LM I, p. 71（邦訳上、八三－八四頁）.
（35）LM I, p. 177（邦訳上、二〇五頁）.

(36) LM I, p. 71（邦訳上、八四頁）.
(37) LM I, p. 176（邦訳上、二〇四頁）.
(38) LM I, p. 74（邦訳上、八七頁）.
(39) LM I, pp. 79-80（邦訳上、九四頁）.
(40) LM II, p. 198（邦訳下、二三七頁）.
(41) LM II, p. 199（邦訳下、二三八頁）.
(42) LM II, p. 200（邦訳下、二三九頁）.
(43) LM II, p. 26（邦訳下、三二頁）.
(44) LM II, p. 138（邦訳下、一六六頁）.
(45) LM II, p. 217（邦訳下、二五八頁）.

結びにかえて

アレントに即してみれば、出来事の主体（すなわちペルソナ）の現われ方という問題に対しては、諸関係の既在を前提として考える場合と、「絶対的はじまり」として考える場合とが、必ずしも整合的とはいえない形で議論されていることが多い。

まず前者の場合から考えてみよう。たしかに「活動」についてアレントのいうところをそのまま総合すれば、「活動」としての行為はこれまで想像もしなかったような新しい事柄を世界にもたらす行為であるが、しかし、にもかかわらずそのような行為は、「法律、習俗、習慣」などの諸関係によって規定された行為でもある。しかし、この「法律、習俗、習慣」という諸関係を構成する要素は、ハイデガーにおけるように、日常の背後に発見されるべき隠れた歴史的層というものではない。もっと日常的なものである。それは実存的不安によって開示される世界ではなく、コモン・センスの世界である。[1] いうまでもなく、コモン・センスが「共通感覚」という「常識」を指すとはいえ、アレントにおいては現代社会とはこのコモン・センスを喪失した時代であるがゆえに、コモン・センスとはそれ自体、非日常という領域に属するという逆説もありうる。

しかし、「法律・習俗・習慣」という諸関係は、日常において生きられる関係であって、必ずしも非日常の世界ではない。そうすると、「活動」とは日常と非日常の奇妙な混合態ということになろう。いうなればここにはすでにある世界と見たこともない世界の重層性がみられるのである。それは日常の背後に非日常があるというのではなく、日常の諸関係によって非日常の世界を創造するということになろう。そもそもアレントが「活動」の主体にペルソナという用語を充てて、その世界性（アレント的意味での「世界」であるが）を強調していたことを今一度想起しなければならない。アレントにとってそれは、「活動」すなわち革命へと乗り出したアメリカ革命の人々に見出される公的人間を指す言葉であるが、この公的人間としてのペルソナとは、法的社会的諸関係を身につけそれによって保護された人間として出来事の主体なのである。

他方、このような法的社会的諸関係を、「活動」の前提としてではなく、「活動」によって新たに創出されたものであると考えるとどうであろうか。これは、ホーニッグが問うた、アメリカ独立宣言の「われわれ」はどのようにして構成されたのかという問題として捉え直すことができる。

ホーニッグの所説を確認しておけば、彼女は、アメリカ独立宣言をめぐるアレントとデリダの所説を取り上げ、両者の議論を比較して問題提起を行っている。[2] 比較の論点は、次の点である。すなわち独立宣言にみられる「われわれはこれらの真理を自明とみなす」というジェファーソンの文言をどう読むかという点である。ホーニッグはアレントはこれを行為遂行的（performative）に読むのに対し、デリダは事実確認的（constative）に読むとして、両者の違いを際立たせている。ホーニッグのアレント論はおよそ次のようになる。まずホーニッグはアレントにとっての問題を、「安定性、正当性、権威の根本的保証がない世界において、創設の政治は可能であるか」と定式化する。[3]アレントの『革命について』はこの問題への回答であるが、ホーニッグはアレントが人間世界の外部のものに訴えなくてもこの問題を解決しうるとした、その論理を右にみた「われわれはみなす」という文言の行為遂行的解釈のうちにみるのである。[4]すなわち、「われわれはみなす」というのは、アレントの説明では、その宣言という行為自体が自由な集いを構成し、その集いにおいて共有された同意を公的に明示する行為であって、その意味でそれは「約束」であり、その約束が現存する共同体に権力を付与するというのである。言い換えれば、「われわれはみなす」というのは、先行的に存在する「われわれ」が自明の真理を確認しているのではなく、「われわれはみなす」という宣言が、遂行的に「われわれ」を構成し、「共和国」の安定性と権威の源泉となるという論理である。[5]

このようなアレントの議論に対して、「われわれはこれらの真理を自明とみなす」という宣言を文字通り「事実確認的」に読むデリダの議論からすれば、権威の源泉は「自明の真理」にあることになる。しかしその場合は、アレントが強調してやまない「はじまり」の契機、あるいは「絶対的はじまり」という契機は姿を消すことになろう。「われわれ」に先立ってすでに権威の源泉が存在するとすれば、「われわれ」は新しいこと、とくに新しい創設をはじめることはできないからである。しかし他方で、新しい「はじまり」という契機を強調すれば、今度は、ホーニッグがいうように、権威の源泉としての「われわれ」なるものは、「無から（ex nihilo）」生じてくるということになるのではないかという疑義が生じてこよう。ホーニッグはこのような疑義を呈しながらも、それでもなお、アレントの試みを権威についての新しい解釈として、好意的に解釈するのである。

ホーニッグがいうように、「時代の新秩序」を強調するアレントにしてみれば、「はじまり」は「絶対的はじまり」でなければならないであろうし、権威の新たな理論が必要とされたであろう。アレントが『意志論』で展開した哲学史は、まさにこの「はじまり」を支える意志と、その意志を批判し抑圧しようとする哲学（むろんアレントからみた、そして多分にハイデガーを意識した「哲学」）との対立の歴史であった。アレントはあくまで「自由の器官」としての意志を救出し、政治における「絶対的はじまり」という問題を引き受けようとするのである。しかしなぜアレントはこのような「絶対的はじまり」などという問題に拘泥し、悩む必要があったのか。

アレントはアメリカ革命の人々がローマを引き合いに出すことに触れて、次のようにいう。「彼らは超越的な神に助けを求めることなしに人間界のことを処理するやり方を学ぼうとしたのである。」[6]これは「無からの創造」に対するヘブライ人の解決法、すなわち神の創造と対照的である。アレントがアメリカ革命の人々の解決こそ政治的に有意味であると考えていることは明らかである。この点からわかるのは、アレントは、人間事象の世界に外部を認めることはできないと考えたということである。超人間的なものに訴えることは、アレントにとっては暴力を意味していた。いうなれば、「絶対的はじまり」という困難な問題を提出したのは、この外部性の否定という契機を手放したくなかったからであるということである。それは人間事象の外側に、超人間的な秩序やコスモスの源泉を認めることはできないということである。アレントのこの姿勢は、人間事象から「人間事象の背後」にある「存在史」へ逃れたハイデガーへの批判、言い換えると、哲学と政治の対立という、アレントの思想の根幹をなすテーマと深く通じている。[7]

アレントのこうしたハイデガー的存在論の批判は、人間の自由を救い出すことを目標としていた。自由であるためには、人間は、彼女が『アナクシマンドロスの箴言』についての論評において強調した「迷誤の国」にあらねばならない。こうした論評に明示的に現われているのは、人間の世界はいかなる外部のコスモスももたないというアレントの思想であろう。「はじまり」の難問は、ハイデガーをはじめとする、人間における「意志」の契機すなわち自由を否定する哲学との対決の所産であったということである。そしていうまでもなく、この対立は、人間事象という公的世界を人間の自由に委ねるアレントの反形而上学的な共和主義思想の一環でもあるのである。

こうした自由の強調は、すでに明らかであろうが、新たな世界の開示を指し示すものであるが、このような自由を守るということは、形而上学的世界の否定のみで終わるものではない。新しい世界の樹立という決意のもとに、「時代の新秩序」を、つまり新しい共和国を樹立したとしても、その共和国は革命精神を生きたまま保存するものとして、つねに自由に対して開かれていなければならない。そして彼女が自由の根拠として「生誕」を挙げたのは、この共和国が常に自由へと開かれていることの、まさに存在論的表現であるとみることができよう。かくしてアレントの自由は、新たな世界の樹立という自由と、共和国内部における自由という二つの次元において語られることになるのである。そして彼女が「はじまり」の問題に悩んだのは、共和国という形で語られる法的空間を「自由」に根拠をもつものとして据えようとしたからであるといってよいであろう(8)。

注

(1)　アレントがしばしば引き合いに出すモンテスキューにおいて、「法」は社会に内在するものとして「発見されるもの」ともいうべき位置にある。たとえば「実定的な法律に先立って、まず衡平の諸関係が存在し、これらを実定的な法律が確立するのだ」（野田・稲本・上原・田中・三辺・横田地訳『法の精神』岩波文庫、上巻、四一頁）と述べられている。同様のことは、「私は、この国の習俗と生活様式とがその法律と重大な関連をもっているはずであると言うのである」（同、中巻、一八二頁）ともいわれている。つまり社会はすでに人間の結合なのであり（同、上巻、二六五頁）、法はその客観的表現なのである。アレントがモンテスキューの「関係としての法」という概念を引用するとき、こうした「発見されるものとしての法」という観念もまた受け継いでいるとみるべきである。なお、「発見されるものとしての法」については、次を参照。Jay, M., *Marxism and Totality: The Adventures of a Concept from Lukacs to Harbermas,* University of California Press, Berkley 1984, p. 38（荒川幾男・江原由美子・森反章夫・山本耕一・三浦直枝・宇都宮京子・浅井美智子・谷徹・桜井哲夫・大庭優訳『マルクス主義と全体性――ルカーチからハーバーマスへの概念の冒険』国文社、一九九三年、五七頁）.

（2）　Honig, B., “Declaration of Independence: Arendt and Derrida on the Problem of Founding a Republic”, *American Political Science Review,* Vol. 85, No. 1 March 1991, pp. 97-113.

（3）　Ibid., p. 98.

（4）　Ibid., pp. 100ff.

（5）　Ibid., p. 107.

（6）　LM II, p. 211（邦訳、下、二五一頁）.

（7）　川崎修「ハンナ・アレントはハイデガーをどう読んだか」『思想』一九八九年六月号所収。

（8）　いうまでもないが、自由は、いかなる行為を選択すべきかを規定するものではない。行為の選択に一定の規制を加えることが、判断力に期待されることである。

第四章　アイデンティティと政治

はじめに

　アレントの政治像が一方で共和国という永続的制度の構築を、他方で「はじまり」をもたらす個の自由を柱としていることはこれまで再三指摘してきた。このようなアレントの政治像を、本書では個と共同性の矛盾として捉えるというよりは、むしろペルソナ論として、つまり共同体的契機を不可欠の要素として成立する個のありようをめぐる議論として捉えてきた。この視点からすると、アレントの議論は政治の実存的次元での意味を問う人間論を一つの中心として展開していくことになる。したがってこれまでみてきたとおり、共和国や公的世界といっても、アレントの場合、制度論へと展開されることはなく、その実存的意味の探求へと深化していくのである。

しかし、アレントの議論を人間論へと収斂させていくとしても、安定を志向する共同体的契機が変革を志向する個的自由と衝突する事態に至るのは否定できない。この場合、問題の構図は一般的には個的自由と共同体的契機とのバランスをどう図るかとなるが、実存論へと深化するアレントに即してみれば、むしろ自由の共同体的次元および共同体の自由へと開かれた次元を掘り起こすというのが課題となるであろう。

そこで、本章では視点を変えてこの問題をアイデンティティの問題として捉え直してみよう。ここでアイデンティティの問題として捉え直すのは次のような理由からである。第一に、アレントの思想をペルソナ論という人間論を中心にして議論しようとする本書の視点からすれば、共同性のなかの人間という意味でも、また個的自由の主体としての人間という意味でも、アイデンティティという視点は当然に議論の対象にならなければならない。第二に、アイデンティティをめぐる議論というのは、社会学的にいえば、人間存在の共同性の次元に着目する議論であるといえるが、今日のポスト・モダンや反原理主義（antifoundationalism）の思想的影響は、共同性の次元に着目するアイデンティティという概念を大きく揺さぶり、差異や他者性という契機の重要性に目を向けさせた。(1)つまり共同性ではなく、個体性に着目するのである。こうした議論をアイデンティティの問題としてみたとき、共同性の次元をいかに個体性へと開いていくかというのがアイデンティティ論の直面している問題であるといえる。つまり今日アイデンティティをめぐる議論とは人間存在の共同体的次元へ目を向けるとともに、共同体の自由へと開かれた次元をも問うものであるといえる。(2)そしてこの問題こそ、今われわれが考えようとしている問題にほかならない。この問題を考えるために、ここではまず共同体的契機を不可欠の要素とする個人とはいかなるものかについてのアレントの把握の仕方を確認する作業からはじめたい。具体的には、彼女の『全体主義の起源』を中心としてユダヤ人であることのアレントにとっての意味から検討しよう。

注

（1） Dallmayr, F., "Individuality and Politics: The Politics of Nonidentity: Adorno, Postmodernism-And Edward Said," *Political Theory*, vol. 25, no. 1, February 1997, p. 33.

（2） 代表的な議論には、それの重要性を認めつつ、アイデンティティをいかにして自由へと開いていくかという問題を提起するコノリーの議論（Connolly, W., *Identity / Difference: Democratic Negotiations of Political Paradox*, Cornell University Press, Ithaca 1991（杉田・斉藤・権佐訳『アイデンティティ／差異：他者性の政治学』岩波書店、一九九八年））や、アイデンティティのパフォーマティヴな性格を強調するホーニッグの議論を参照されたい（Honig, B., *Political Theory and the Displacement of Politics*, Cornell University Press, Ithaca 1993）。本節においてはアレントの国民国家についても議論するが、アイデンティティの固定化を回避するという視点からの国民国家論として、姜尚中「内的国境とラディカル・デモクラシー――『在日』の視点から――」および斉藤純一「民主主義と複数性」ともに『思想』一九九六年九月号。

第一節　ユダヤ人アレント

全体主義という時代経験がアレントをして政治思想家たらしめたことは周知のことであるが、そのことは別の言い方をすれば、全体主義の最大の受難者であるユダヤ人として生まれたという事実によって、アレントは政治をまさに自分の問題として捉えざるをえなくなったということである。したがってアレントの政治思想においてユダヤ人であるということが占める比重はきわめて大きなものであるが、しかし、彼女の思想においてユダヤ人であるということが何を意味するかは思いのほか複雑で微妙である。それは一つにはこの問題が、アレントにおけるアイデンティティ論、国民国家論などのほか、悪の問題、政治的「活動」や自由の問題など、彼女の思索のほとんどすべての領域にかかわっているためであるが、もう一つの理由として、アレントにとってユダヤ人であるとは、いかなる位置づけをもっていたのかという点に関して一義的な確定が困難であるという事情がある。たとえば彼女は、あるインタヴューにおいて「もし人がユダヤ人として攻撃されたならば、ユダヤ人として自己防衛しなければならない。ドイツ人としてでも世界市民としてでもなく、また人権の保有者としてでもない」[1]と述べ、ユダヤ人であることはけっして放棄できない事柄であるとしており、また第二次世界大戦中には、ユダヤ人軍隊の創設を唱えたりもしている。ではアレントはユダヤ人の民族としての団結を主張しているのかといえば、そうではない。『イェルサレムのアイヒマン』をめぐるショーレムとの往復書簡において、アレントは「ユダヤ人への愛」というショーレムの言葉を明確に否定し、「私はいままで一度も何らかの民族あるいは集団を愛したことはありません」[2]と述べる。「ユダヤ人であること」をめぐるアレントのこうした言葉は、一見矛盾し、分かりにくいようにみえるが、アイデンティティを構成するいくつかの層を掘り起こしてみれば、けっして矛盾するものではないことが分かる。

そこでアレントにおけるユダヤ人問題の意味とアイデンティティの層について考える前提として、彼女の全体主義支配の捉え方を振り返っておきたい。『全体主義の起源』におけるアレントの議論は鳥瞰的には、第二章ですでに概観しているので、繰り返さない。ここで重要なのはアイデンティティの個的、共同体的次元に関するアレントの議論である。アレントは全体主義による全体的支配は人間を「生きた屍」とすることであるとし、その過程を三段階に分けているが、それは個人を構成する次元をアレントがどう捉えているかを明確に示している。それぞれについて予め概略を述べておけば、第一段階は法的人格の破壊である。それは、

「人々の市民的権利を奪うことであって、その結果彼らはしまいには自分の国のなかにいながら、彼ら以外には無国籍者や祖国喪失者のみにしか見られぬほどまでに法的保護を失った存在になってしまうのである。人間からその権利を奪うこと、人間の裡にある法的人格を殺すこと、これは全体的支配が行われるための前提であり、自由な同意ということさえもこの支配にとっては邪魔になるのだ。[3]」

というように、法的権利主体としての人間である。法的な人格を持つか否かというのは、人間にとってけっしてどうでもよい問題ではない。アレントは、強制収容所で法的権利をまったく失った人間が収容所内での人間の分類カテゴリーに順応していくさまについて、このカテゴリーが、失った法的人格の形見のように思われるからであろうと指摘している。いうなれば、人はこのような人格なしには社会の構成員として生きていくことが困難である、とアレントはみているということである。

第二段階は道徳的人格の破壊である。この場合の「道徳的人格」とはけっして何らかの道徳律を体現した人間を指しているわけではなく、「社会および他の人間との共同生活[4]」に根ざした人格である。この道徳的人格の破壊に関連して、アレントは強制収容所では殉教というものが不可能となったという。強制収容所での死は、たとえそれが抗議による死であっても、何らの社会的意味をもち得ないからである。その死は何の意味も付与されることなく忘却されてしまうのである。いうなれば死は共同体的性格を失ったものであり、追想されることもなく、忘却の淵に沈んでいくのである。アレントの言葉でいえば、人は道徳的人格を破壊されることによって「追想されることへの権利[5]」を失ったとされるのである。したがってここでいう道徳とは、記憶と追想を支える領域を指すと考えてよいであろう。

そして法的人格と道徳的人格とが破壊された後に、第三段階として、個人が本来もっている個体性あるいは特異性の破壊が行われる。「自然と意志と運命」の三者によって形作られた人間の個体性、唯一性は、「無限の多様性において一切の人間関係のきわめて自明な前提をなして」いるとアレントはいう[6]。この個体性をアレントは「人間本来のアイデンティティ」あるいは何かを創始する自発性の根源とみている。アレントはこれが破壊されることによって、人間は刺激に反応するだけのあやつり人形となってしまうという。

アレントによると、全体主義は人格を破壊することによってその支配を貫徹するわけであるが、ではその人格は何によって構成されるのか。これまでみてきたところから分かるのは、法、道徳、個体性という三つの契機である。この三つの契機が重層化することによって個人の人格なるものは構成されるのである。このうち、第三の契機がまさに個人の個体としての唯一性であるのに対して、第一と第二はともに共同体的性格をもっているが、第一の契機が明確に法的であるのに対して、第二の契機はいわば「慣れ親しみ」の世界ともいうべき様相をもった共同性のありようである。この二つの共同性の契機をアレントはときにその区別を強調し、またときに同一のカテゴリーとして語る。いうまでもないが、区別するのは、彼女が共同性の「法的」側面をとくに強調するときであり、同一のカテゴリーにおくのは、共同体の存立それ自体を語るときであるといってよい。いずれにせよ、確認しておきたいのは、アレントにとって人格とは、個人としての個体性、「慣れ親しみ」の世界、法的世界の三つの契機の重層化によって構成されるということである。われわれの言葉でいえば、アイデンティティの層としてこの三つの契機があるといってよい。そこで、アレントにとっての「ユダヤ人であること」の意味も絡めて、この三つの契機をさらに詳しくみていくことにしよう。まずは第三の個体性の契機からみていく。

1　個体性としての契機

アレントにとって「ユダヤ人であること」とは、宗教的に規定される事柄ではなかったことはヤング・ブリュールの伝記などにおいても指摘されているところである。彼女にとってそれは出生にかかわる事柄であったといってよい[7]。先に引用したショーレムとの往復書簡を今一度みていこう。彼女は自分がユダヤ人であることについて次のように言っている。

「私は、いつもユダヤ人であることを自分の人生の議論の余地のない事実に関わる与件とみなしてきましたし、この種の事実を変えたり拒否したりしようと思ったことは一度もないのです。あるがままのものすべてに対する、つまり、すでに与えられたものであって、作られたものでもなければ作りようのなかったもの、あるいはピュシスによってあるのであってノモスによってあるわけではないものに対して、基本的な感謝の気持ちのようなものがあります[8]。」

アレントはここで「ユダヤ人」であることを変えることのできない「事実」であるというのである。同様のことをアレントはギュンター・ガウスとのインタヴューにおいて、「ある集団に属するということは、まず自然の所与であり、人は生まれたときからつねに何らかの集団に属しているものです[9]」と述べている。このインタヴューでは、アレントは生まれたときに何らかの集団に属するということは、組織を形成するということとは異なる。組織を形成するということは世界との関わりにおいてなされるものであると続けている。つまり自然の所与としてある集団に属することは、政治的な組織を形成することとは異なるというのである。アレントにおいて「ユダヤ人であること」とはいうまでもなく前者を指す。今一つ、アレントのいうところを引いてみよう。

「もしかりにわれわれが自分たちはユダヤ人にほかならないという真実を語り始めたら、それはわれわれが何ら特定の法や政治的協定によって保護されない、生身の人間以外の何者でもないという人間の運命に身を曝すことだろう。[10]」

これは「われら亡命者」という論文における一節であるが、ここでもアレントは、「ユダヤ人であること」を「生身の人間」として表現している。

こうしてみてくると、アレントにとって「ユダヤ人であること」とは、生の所与という事実性の強調からして、まず第一に、個人の個としての個体性にかかわる事柄であるということができよう。これは、人が自分の好みによって変更できない事柄、たとえば性や皮膚の色などの属性と同じく、運命的に受容しなければならない事柄であるといえる。しかし、運命的に受容しなければならない属性が個人の個体性にかかわるというのはいかなる状況であろうか。ユダヤ人であるということや皮膚の色がいわゆる白色あるいは有色であるということ、あるいは男性であるとか女性であるとかといったことは、通常であれば、むしろ、個としての個体性を構成する契機であるとは考えられない。それらはある特定の状況においてのみ、個人の個体性の不可欠の契機となるのである。その状況とは、すでに引用した言葉を借りれば、「ユダヤ人として攻撃されたなら」という状況である。

個人が運命的に受容しなければならない属性が個人の個体性を構成するのは、その属性を理由にして個人が社会から排除されようとしているときである。つまりその属性ゆえに当該個人が社会のなかで異質なものになったときである。そのとき、アレントによれば、その異質とされた属性を、あえて異質なまま引き受けるか、それともその異質性をないものとみなすかという二つの選択肢があるという。前者がアレントの思想において重要な位置を占める「自覚的パーリア」としてのあり方であり、後者が同化というあり方、アレントにおいては「成り上がり」ともされるあり方であることはいうまでもなかろう。[11]言い換えると、運命的な属性は、「抵抗」という契機があってはじめて個人の個体性の契機となるのである。つまりは「ユダヤ人として自己防衛しなければならない」のである。[12]アレントは個体性を「自然と意志と運命」から成ると述べていたが、とりわけ「意志」という言葉がここに見られるのは、この「抵抗」という契機と無関係ではなかろう。

ユダヤ人であることから逃れないことが、自己のアイデンティティを守ることであるというのは、たとえば彼女の「われら亡命者」という論文でも、「われわれは、ドイツではよきドイツ人だった。したがってフランスではよきフランス人となるだろう」[13]という態度を批判しつつ次のように表現されている。

「なるほど、自己を喪失したいと思う人は、無限の、創造とおなじくらい無限の、人間存在の可能性を発見するだろう。しかし新しい人格をあらためて見つけ出すことは、新しい世界を創造するのとおなじくらい絶望的である。何をしようと、何のふりをしようとも、われわれが表わしているのは、変身したい、ユダヤ人でなくなりたいという不健全な願望以外のなにものでもない。[14]」

同様の事柄は、ヤスパースへの私信においても、「たとえヨーロッパにとどまることができようとも、何事もなかったかのようにドイツ人やフランス人として住むことはできません。…帰ることができるのは、ユダヤ人として歓迎されるときのみです[15]」という態度にもみることができる。

では「自覚的パーリア」とはいかなるあり方であるか。アレントはベルナール・ラザールにならってこの言葉を用いているのであるが、もちろん、それは同化を拒否することである。しかし同化を拒否することは、人知れずひっそりと暮らすことではないし、またユダヤ人が社会から離れて独自の集団を形成することでもない。まして社会に対して特権的な地位を要求することではない[16]。社会から遊離して存在することはできないのである[17]。

「パーリアは不運な者の特権を放棄し、おとぎ話や詩人の世界と縁を切り、自然という大いなる避難所を断念して人間世界に飛び込んでいくことであってそれ以上でもそれ以下でもない。言い換えれば、社会が自分に対して行ったことに対して責任を感じて、神のごとく超然と無関心を決め込んだり、純粋に人間的なものという高尚なところにお高くとまるような態度に逃げ込んだりしないということである[18]。」

そうであるとすると、「自覚的パーリア」としてあるということはどのように考えればよいであろうか。それは社会内にあって社会の同化圧力に抗すること、あるいは社会の同質性を揺さぶることにあるといえるであろう。アレントのいう「自覚的パーリア」をこのように捉えれば、われわれはここでハイデガーの「本来的」実存と「非本来的」実存という区別を想起せざるをえないであろう。周知のようにハイデガーは社会において固有の自己を失った人間のあり方を「非本来的」実存と呼び、自己の固有性をもった「本来的」実存というあり方と対比させた。『有と時（存在と時間）』のテーマの一つに、この「非本来的」実存がいかにして「本来的」実存へと目覚めていくかという論理の追求があるといってよいが、この二つの存在様式の対比はアレントの「成り上がり」と「自覚的パーリア」の対比と内容的には重なる論理である。そして、ちょうどハイデガーにおいて覚醒し覚悟した「本来的」実存が他者の良心となって「非本来的」実存の覚醒に寄与することが期待されたように、同質性に安住する者に対して個体の固有性への覚醒を促すことが「自覚的パーリア」のあり方であるといえるかも知れない。

ところで、注意しなければならないのは、すでに述べたところでもあるが、アレントが「自覚的パーリア」として、「ユダヤ人であること」を個人の固有性の問題として捉えたということは、ユダヤ人という帰属性を何らかの組織原理としたり、ユダヤナショナリズムを強調したりすることではないということである。これはアレントのシオニスト修正派への批判においても顕著である。アレントは、シオニストに対して、その政治的姿勢の弱さを批判するのであるが、他方、強硬なナショナリズムを主張する修正派に対しても、そうしたナショナリズムの危険性を懸念し、批判的である。つまりアレントが、「ユダヤ人であること」を個体の固有性の問題として捉えたとき、重点は、「ユダヤ」ではなく、個の固有性にあったといえる。「ユダヤ」という烙印によって個人が抹殺されそうになるから、「ユダヤ」が個人の固有性の象徴となるのである。「ユダヤ人であること」は歴史を通じてつねに異分子として、ときにもてはやされたりもしたが（「例外ユダヤ人」）、多くの場合排斥された。アレントは、もてはやされるのでも、排斥されるのでもない、関係のあり方を模索していたといえるであろう。これが、ユダヤ人に「生まれた」ということがもつ意味であった。アレントが個体の固有性の契機を「真のアイデンティティ」という場合の「アイデンティティ」とは、けっして「ユダヤ人」という規定に自らの存在を封じ込めることではないであろう。アイデンティティとは、個の自発性に支えられた固有性を指すと考えるべきである。後年、『人間の条件』その他で展開されるように、アレントが個の固有性という意味で用いるアイデンティティとは、自発性に支えられた相互行為において獲得される、というよりは現出するのであって、民族的、宗教的帰属によって得られるものではないのである。

2　「慣れ親しみ」の世界

アレントにおいて人格を構成する契機の第二のものである「慣れ親しみ」の世界は、「ユダヤ人であること」といかにかかわっているか。この問いは、ユダヤ人共同体ともいうべき共同の世界がアレントにおいて想定されているか否かという問いであるともいえる。しかし、すでに右に述べてきたように、アレントはユダヤ人がナショナリスティックなつながりによる共同体を形成することには反対であったとすると、この問いにはすでに答えが出ているのではないか。つまり、「ユダヤ人であること」はこのような「慣れ親しみ」の世界に直結するものではないといえるのではないか。むろん、然り、といってよいのであるが、実はアレントの書き残したものには、このことに関して微妙な観点がみられるのである。ともあれ、まずは先に指摘したアレントのユダヤ人共同体に対する批判的見解を確認しておこう。

ユダヤ人共同体とアレントの関係は、彼女のシオニズムやパレスチナ問題への見解などに現われている。アレントがブルーメンフェルトを通じてシオニズムに接近したことはよく知られているが、ヤング・ブリュールによると、ブルーメンフェルトのシオニズムとは、ユダヤ教などのユダヤ的実質をもたないユダヤ人、つまり本人の宗教などとは無関係に周囲からユダヤ人とみなされる人々にかかわるものであるという[19]。解放や同化によってすでにユダヤ人としての宗教的社会的共同体に基盤をもたない者、あるいはユダヤ文化との接触を失っても、育った国家の文化との接触は持ち続けたい者、そうした者たちが臆することなく、非ユダヤのドイツ人と向き合うことができるようになるための道としてのシオニズムである。したがって、ブルーメンフェルトは、シオニズムを真にナショナルな運動として捉えていたとはいえ、そこには非ユダヤ的文化的背景をもった構成員に寛容な共同体をいかに形成するかという問題意識をもっていたということになる。このような発想はアレントに大きな影響を与えたといわれる[20]。

アレント自身、ユダヤ人であることはユダヤ教とは関係ないものであることをヤスパースへの私信において言明しているし、また学位論文の完成後に早くも準備をはじめていたとされるラーエル・ファルンハーゲンの伝記をめぐるヤスパースとのやりとりにもそうした観点は現われている。ヤスパースはこの伝記に関する草稿に目を通して、『ユダヤ的実存（die jüdische Existenz）』は、あなたによって実存哲学的に客観化されました」と述べているが、その言葉に対して、次のように返事をしている。

「私は、――少なくとも意識はしていないのですが――ラーエルの実存をユダヤ的に『根拠づけ』ようとしたのではありません。この報告は下準備にすぎないものですが、そこでいいたかったのは、ユダヤ人であるという基盤に立って実存の特定の可能性は生じ得るということでありまして、私はそのことを暫定的に宿命的であること（Schicksalhaftigkeit）によってそれとなく特徴づけたのです。この宿命的なものは、まさしく地盤の喪失によって目覚め、ユダヤ教（jüdentum）からの分離においてのみ生じるのです[21]。」

つまりアレントが実存的可能性を論じるのは、すでにユダヤ教を信仰せず、またユダヤ民族への帰属も文化的帰依ももたないユダヤ人に関してなのである。そうしたユダヤ人の実存的可能性とは、けっしてユダヤ的なものへの回帰によって達成されるものではない。アレントはユダヤ人はパレスチナへ移住すべきであるなどとは主張しないし、また「ゲットーへ帰れ」というスローガンにも否定的である。パレスチナに関しては、イスラエル国家の建設は、それがユダヤ人をネーションに還元してしまうというヤスパースの危惧に賛意を表わしているし、「ゲットーへ帰れ」というスローガンについては、そのような主張は、ユダヤ人をヨーロッパの文化共同体から疎外してしまうとしている。㉒さらにユダヤ民族の固有性を主張するシオニスト修正派に対しても、ほぼ同様の理由から反対している。アレント自身、シオニストとして活動した時期があるとはいえ、それはあくまで「彼女の同胞が住むべき場所を必要としているということを知っていたがために、実際的・政治的理由からシオニストとなったのであって、宗教的、文化的理由からではない」㉓のである。

このようにみたとき、アレントはあくまでユダヤ人であることを個人の固有性の条件として考えていたのであって、けっして集団として存在すべきものとして考えていたのではないということになろう。ユダヤ人はユダヤの文化的世界に回帰すべきであるなどとは考えていなかったということである。すでに1でもみたように、アレントにとって「ユダヤ人であること」というのは、非ユダヤ人社会においていかにユダヤ人として生きていくかという問題と絡んで、同化・排除への抵抗の拠点としての個の問題であったといえる。アレント自身にとっても、「ドイツとは母国語であり、哲学であり、文学です」㉔というように、「慣れ親しみ」の世界とは、彼女が知的に多くを負っているドイツであったといってもいいかも知れない。㉕

こうしてアレントは「ユダヤ人である」ということを個の固有性の問題として考えていこうとしていたことが窺えるのであるが、しかし、他方で、個としてのユダヤ人が非ユダヤ人社会において生きるという状況ではなく、ユダヤ人が集団で住む場所において「ユダヤ人であること」はいかなる意味をもつのであろうか。ユダヤ人社会が「慣れ親しみ」の世界となっているユダヤ人にとって、「ユダヤ人であること」とは何を意味するかという問題である。この場合、「ユダヤ人であること」は個の固有性の問題として捉えることはできないであろう。アレントはこの問題をどう捉えているであろうか。アレントにとって「慣れ親しみ」の世界とは、

「われわれは、生まれ故郷を喪失した。これは日常生活への慣れ親しみを喪失したということである。われわれは仕事を失った。これは、この世界で何らかの役に立っているという自信を失ったということである。われわれは言葉を失った。これは、自然な受け答え、無理のないそぶり、感情の気取らない表現を失ったということである。[26]」

というような世界である。アレントにとってこの世界はユダヤの文化的世界ではなかったといえるかも知れないが、ユダヤ人社会をこのような「慣れ親しみ」の世界としていたユダヤ人にとって、「ユダヤ人であること」はユダヤの文化的世界と切り離せないものではなかろうか。アレントもこの問いに何らかの形で回答を試みているのではなかろうか。たとえば、先の引用に続いて、アレントは「われわれは、親類をポーランドのゲットーに残してきたし、われわれの最良の友人たちは強制収容所で殺された。これは、われわれの私的関係が切り裂かれたということである」というのであるが、ここには、個の固有性の条件としてのユダヤ人というよりは、「ユダヤ民族」の問題が顔を出しているといってよい。たしかに、アレントは民族的固有性を強調するシオニスト修正派に対して批判的である。しかしそれは、集団として存在するユダヤ人のあり方にアレントが無関心であるということではない。ではユダヤ人を集合性において捉えたとき、アレントはいかなる発言をしているのか。

この問題に関しては、中東問題を中心としたユダヤ人のあり方についてのアレントの発言が参考になろう。アレントの関心は、ユダヤ人が政治的に自立した集団としていかに振る舞うべきかという点にあるといってよい。とくに目を引くのは、ユダヤ人軍隊創設の主張と「ユダヤ人の郷土（Jewish homeland）」への深い関心、および、パレスチナにユダヤ人の国民国家を創設することへの強い反対である。まず、ユダヤ人軍隊の創設についてみておく。

　アレントは第二次世界大戦の最中に、ニューヨークのドイツ系ユダヤ人のための週刊誌『アウフバウ（Aufbau）』にしばしば寄稿しているが、そのなかで、彼女はユダヤ民族の自由のために反ヒトラーの闘いを始めるべしと説き、そのためのユダヤ人軍隊の創設を提唱している。「自由は贈り物ではない」と考えるアレントにとって、ユダヤ人軍隊の創設は、ユダヤ民族の「政治」が始まる条件であった。[27] アレントのこの主張は賛同者がいなかったわけではないが、シオニストたちの間で大きな意見となるには至っていない。[28] もともと、アレントは、ユダヤ人問題を政治化したくないシオニスト主流派ともいうべき意見に対して批判的であったが、それは政治的に自立した集団として行動しないという点への批判であった。[29] たとえば、彼女は、ユダヤ神秘主義思想の一つで、一種のメシア信仰ともいうべき十七世紀のサバティアン運動を肯定的に評価するが、それは、その運動がユダヤ人共同体の創設を現実的に働きかけようとしたからにほかならない。[30] そしてこの運動の終焉によって、「ユダヤ人の政治体は死にいたり、ユダヤ民族は歴史の公的舞台から引きさがってしまった[31]」と述べている。

　こうした論考を通じてアレントが主張していることは、ユダヤ民族が政治的に当事者となるべきであるということである。この場合、「政治的」ということでアレントが考えていることは何かということ、そして民族という集団を個人を包摂する帰属集団として捉えているのかどうかということは確認しておく必要があろう。アレントが「政治的」という言葉を用いるとき、その意味はこれまで述べてきたところから明瞭であるが、念のため確認しておくと、彼女は「ユダヤ人の歴史・再考」という論文（この論文はショーレムの著書への書評である）のなかで、ユダヤ神秘主義の政治性を強調する際に、その思想がリアリティとアクションに強く関心を寄せていたという点を挙げている。(32) つまり実際に行動を起こすということである。何のための行動か。それはユダヤ人の共同体を形成するための行動である。いうなれば「祖国」建設のための行動に従事することを「政治的」と述べているとみてよいであろう。あえてこれを後年のアレントの政治概念と比較してみれば、実際の行為を重視し、そこに政治的自由を見出すという点で重なる面もあるが、「言葉」による相互行為といった要素があまりみられない点では重ならない面もある。この時期のアレントが「言葉」という契機をあまり前面に出していないのは、重要な論点とみていいかも知れない。というのは、政治的行動の重視というのは、後年の彼女の思想における「はじまり」という契機の重視と無関係ではなく、「祖国」の形成というのは、別の言い方をすれば、新たな秩序の形成ともいえる。では何が新たな秩序を生み出すか、と問うたとき、それを政治的行動であるとすれば、「暴力」という問題が如何ともしがたくついて回る。ベンヤミンやソレルを持ち出すまでもなく、秩序形成と暴力のつながりは深くて強い。これはアレント自身も深刻に捉えた問題であった。そうであるならば、「暴力」なき秩序形成はいかにして可能か、というのがアレントにとっての大きな問題であったということである。後年の「言葉」の重視は「暴力」なき秩序の可能性という問題と表裏である。いずれにせよ、ここでは「祖国」建設のための行動がアレントの政治観の原風景であるということを確認しておきたい。

では今一つの問題、アレントは民族という集団を帰属集団として捉えているのかどうかという点をみておこう。1でみたのは、「ユダヤ人である」ということが個の固有性の条件となるケースであったが、アレントが「ユダヤ人である」ということを、民族的帰属感、あるいは政治的単位の基盤として捉えているケースもみられる。これは、たとえばユダヤ人軍隊の創設の主張からも、ユダヤ人をまとまりのある集団として捉えていることが窺える。アレントはワイズマンに率いられたシオニズム運動が列強の力に頼ろうとしていることを批判し、それに代えてユダヤ民族の組織化を訴えるのである。ユダヤ人軍隊の創設もこの主張の一環である。この軍隊の創設は、ユダヤ人の政治的自立と自由を唱えるアレントにとって「民族全体の尊厳を守る闘い[33]」であったといえよう。このようなケースでは、アレントは「ユダヤ人である」ということが一つの紐帯になることを肯定的に考えているとみてよい。これは、彼女が『全体主義の起源』において、「例外ユダヤ人」なる範疇を設けて、ユダヤ人の集団から切り離れて、国民国家において特異な位置を占めたユダヤ人を扱う議論においてもみられる。アレントは、その「例外ユダヤ人」について「例外ユダヤ人は、ユダヤ民族から離れ、民族に背いたからといってユダヤ人であることを止めはしないのである。すべて集団というものを他から分かち特徴づける共同帰属感は、彼らの内部で死んではいない。あらゆる文化民族に固有のものである、自己のアイデンティティを守ろうとする意志は消えるものではない[34]」と述べ、「ユダヤ人であること」を共同帰属感に結びつけている。

アレントのこのような言説は、ユダヤ人の郷土建設への思いを強調する議論にも現われている。もちろん、アレントはユダヤ人の国民国家の創設などは主張せず、パレスチナの地において、ユダヤ人とアラブ人とが協調して連合国家のようなものをつくるべきであるというのであるが、しかし、これはいうまでもないが、ユダヤ人が郷土（homeland）をもつことを否定するものではない。このようなユダヤ人の郷土建設に理解を示す議論においては、アレントはユダヤ人がまとまりをもった民族集団として共同体をもつことをほとんど自明視している。この自明視は、彼女が、世界のシオニストのなかでアメリカ合衆国におけるユダヤ人のもつ影響力が大きくなったことを指摘しつつ、このアメリカ・ユダヤ人について、「非常に多くの民族少数集団がそれぞれ自分たちの母国への忠誠を示す国で、ユダヤ民族がその郷土としてのパレスチナに重大な関心を抱くことは、きわめて自然なことであるし、とりたてて理由をあげる必要もない[35]」と述べていることにも窺える[36]。

こうしてみるとアレントにおいては政治的共同体の基盤としての民族は、必ずしも否定的に捉えられているわけではないといえるのではなかろうか。通常、アレントの思想においては国家と国民の分離や国民に対する国家の優越性などがその特徴として指摘されることが多いが、民族という集団の位置づけは微妙であるといわざるを得ない。アレントは、国民国家の悲劇を国民による国家の征服という事実にみているのであるが、この国民の内容をなすものとしての民族という集団に関して、彼女は必ずしも全的に否定的な態度を常に示しているわけではない。アレントは次のように述べる。

「一人の人間はある民族（Volk）のなかでのみ、人々のなかにある人間として生きることができる。――『衰弱』して死のうとしなければ。そして他の民族と協調する民族だけが、われわれみんなが住まうこの大地の上に、自ら共同して作り上げ管理していく人間世界をうち建てることに寄与することができるのである[37]。」

このように、民族集団を政治的共同体の基盤として保持しようとするアレントの志向は、彼女の共和主義的政治観の現われとされる連邦制に関しても示されており、「ユダヤ民族、およびほかの少数民族に生き残るためのたしかな可能性を与えるだろう[38]」というときには、明らかに民族集団が政治的単位の基盤とみなされているのである。むろん、このことをここで批判することが目的ではない。アレントにおいて、民族集団は人が帰属することによって、その人のアイデンティティが守られるような集団として想定されている場合があるというのがここでいいたいことである。これはたとえば「ユダヤ人である」ことが個人の固有性の条件となるケースとは異なり、個人はむしろ「ユダヤ人である」ということに自らのアイデンティティを見出すようなケースである。前者は集団の同一性を崩していく方向にあるが、後者は集団の同一性を前提とする方向にある。いうまでもないが、アレントがこの同一性を積極的に主張するということはない。アレントはこの集団の同一性を前提としながらも、むしろ複数の集団を想定することによって、集団間の相違を強調し、この集団の多様性を強調するのである。しかし、個人の多様性と集団の多様性とでは、同じ多様性とはいえ、その意味内容はかなり異なってくるといわざるを得ない。しかしアレント自身はこの相違については立ち入った議論をしていない。むしろ多様性という言葉のなかに個人間の多様性も集団間の多様性も同じものとして含ませていることが多い。集団の多様性もアレントにとっては個人の多様性と変わらず重要なのである。

アレントは最後の著作において次のように述べる。

「人間の複数性とは、個的自我がそこから分かれてそれ自身となるところの顔のない『世人』であるが、きわめて多くの諸結合体へと分かれている。人々が活動しうるのはこのような結合体、すなわち共同体の成員としてのみなのである。これらの共同体の多様性は、きわめて多くの多様な形態と形式によって示される。各々は異なった法に従い、異なった習慣やしきたりをもっており、そして多様な過去の記憶つまり伝統の多様性を守っているのである。[39]」

ここでは、集団を集団たらしめている法や習慣や伝統といった、一口でいえば文化的なものが多様性の基盤として想定されている。アレントの狙いは、むろんこのような文化的なものが個人のありようを規定することを主張することではない。個人はこのような諸関係のなかにあってはじめて他者と関係をもつことができ、また他者に働きかけ、自由を現実のものとして享受できるのである。いうなれば自由の条件としての関係性である。そしてそのかぎりでこの関係性は政治の条件でもある。

ところで、この点に関連して付け加えておきたいのは、アレントは今日のテクノロジーの発展がこの諸民族の文化あるいは伝統を破壊しつつあるという認識のもと、この事態を憂慮しているということである。テクノロジーによる世界の統合は、アレントによれば人類の多様性を抹殺する危険性を内包しているのである。たとえば、次のようにいう。

「諸民族の歴史的過去は、その徹底した差異と懸隔において、その混乱した多様性と驚くばかりの相互無理解において、恐るべき浅薄な統合にいたる途上におかれた障害物以外の何ものでもないかのようである。もちろんこれは妄想である。もしも現代の化学とテクノロジーを発展させてきた深みの広がりが破壊されるようなことになれば、おそらく人類の新たな統合は技術的にも存続しえないであろう。かくてすべては、地球の全表面を覆うコミュニケーションにいたる唯一の方法として、民族的過去をその本来的な多様性のまま相互に交流させうるか否かにかかっているのである。[40]」

といい、さらに

「哲学的視点よりすれば、人類の新たな現実に内包する危険性はコミュニケーションと暴力がもつ技術的手段に基づいた統合が、あらゆる民族的伝統を破壊し、あらゆる人間存在の真の源泉を埋め尽すところにあると思われる。[41]」

と述べる。

こうしてアレントは、人間存在における共同体的次元を人格の不可欠の構成要素とみなすのである。これはユダヤ人であることの大きな意味の一つではあるが、もちろんユダヤ人のみの特性ではない。たとえ自由の起源が個体の自発性の中にあるとしても、人間は一定の関係のなかにおいてしか個人となることも、自由であることもできないのである。ユダヤ民族の自立性を説くアレントの議論は、このような関係性が自律的な空間として保持されることの重要性を説いた主張であると考えるべきであろう。個人としての従属も集団としての従属もともに、新たなはじまりへと乗り出すことを不可能としてしまうのである。個人と集団を同列に論じることはできないということはさきにも指摘したが、アレントの議論の眼目は右記の如くである。[42]

こうして、アレントはアイデンティティの共同体的次元としての「慣れ親しみの世界」を自由の条件としての関係性として捉えていくのである。しかしながら、アレントにおけるこのような次元の強調は、この共同体的まとまりがそのまま政治の空間であるということをいっているのではないことには注意する必要がある。すでに触れたところであるが、アレントは、常にではないにしても、こうした共同体的要素と区別して法の世界を強調する。そしてこの法の世界こそ政治のための公的空間であるとするのである。これは彼女の国民国家論に明瞭に現われている。

3　アレントの国民国家論

これまで出生、「慣れ親しみの世界」としての共同体という人格構成における二つの契機についてその政治的意味をみてきたことになるが、彼女の場合、法という第一の契機もまた実存的な意味を賦与されている。法は国家を構成する要素であるばかりでなく、人格の不可欠の構成要素でもあるのである。むしろ法は人格を構成するがゆえに、国家の構成要素でもあるというのがアレントにおいてはいえるかも知れない。ここでは人格の構成要素としての法という契機を考える前に、アレントの国民国家論を振り返って、国家や法なるものについてのアレントの基本的な見方を押さえておきたい。

アレントは著作の至るところで国民国家について言及しているが、もっともまとまった形で言及しているものとしては、まずは『全体主義の起源』があげられる。この著作でアレントは、国民国家とは、歴史的文化的統一体としてのネーション（国民、民族）と法的機構としての国家という二つの契機をもつと述べる。ここで、「統一体」という観念をどのような観点から規定するかによってネーション像も異なってくるであろう。法的機構としての国家を担う人的団体という側面を強調すれば、アレントにおいてはプラス・イメージのネーション像が出てくる。ネーションについてアレントは「ネーションは自分自身の法律を他とは違う自分たちだけのナショナルな実体から生まれたものとして把握していた[43]」とし、続けて、「ネーションの前提をなすのは、自国の国境を越えたところからは別の国の法律が始まること、そして人類を形づくる諸国民の家族のなかでは、相互理解と協定が可能であり、必要であるということ」[44]であるとしている。いうなれば相互の限定性、多様性、人類の一員としての共通性がネーションの特徴だというのである。

ただ、「歴史的文化的統一体」という観点を強調すれば、かなりの程度同質性の高い共同体が想定される。これは2の「慣れ親しみの世界」と共通する共同体像であるが、後述するように、アレントにおいては「血の共同体」などとはまったく異なる観念である。しかし国家の担い手としてのネーションをどう考えるかという観点からみたとき、ネーションの観念も必ずしも一義的とはいえない。アレントは「国家の最高機能」を「民族的帰属にかかわりなく住民を保護する」ことであるとしているのであるが、こうした文言からすると、アレントは国家の多民族的構成を考えていたとも受け取れるのであるが、他方、同質性の高い団体としてのネーションという観念からすれば、ここでいわれる国民国家とはいわゆる一民族一国家の類いであることになる。いずれの可能性もあるといえるが、アレントの国民国家をめぐる議論の重点は後者、すなわち文化的同質性の高いネーションという観念にあるといってもよいであろう。

このネーションと法的機構としての国家とがぴったりと一致すれば、ここに典型的な国民国家が現われることになり、その限りで愛国心も成り立つ。しかし往々にしてネーションという人的まとまりは必ずしも領域内への支配を行う機構としての国家とは一致しないことが多かった。たとえばゲルナーは両者が一致することを主張する思想ないしは運動がナショナリズムであるとしたが[45]、アレントはナショナリズムとはむしろネーションと法的機構としての国家とが一致している場合にみられるものであり、一致していないところでは、ナショナリズムとは区別されるべき「フェルキッシュ」なナショナリズムが現われるという。前者はアレントが「国民的土地共同体」と呼ぶ西欧の国民国家に現われ、後者は土地なき民、つまり東欧の「根なし草的（Boden - und Würzellosigkeit)」

性格をもつ「血の共同体」に現われるものである。つまり前者が地上の安定的な空間において国家を保持してきた人々がもつ思想であるのに対して、後者は地上に故郷をもたぬ少数民族が「血」という架空の共同の属性に訴える思想なのである。この思想こそ、汎民族運動の「血の共同体」の思想へと展開していくものである。こうしたナショナリズムとフェルキッシュなナショナリズムの区別はアレントの国民国家論においては重要である。

フェルキシュなナショナリズムとは、アレントにとって二重の意味で国家の否定にほかならない。一つは、「民族的帰属にかかわりなく住民を保護する」という「国家の最高機能」を否定し、「法」に代えて「血」を共同体の原理とするという意味での国家の否定である。今一つは国家の限定性の否定である。さきにネーションの限定性、人類の一員としてのネーションという観点について触れたが、「血」の論理からすれば、国家の境界を越えて血のつながりを求めていくことになる。これがフェルキッシュなナショナリズムである。

このようにしてアレントは、ナショナリズムとフェルッキシュなナショナリズムとの区別や「国民的土地共同体」と「血の共同体」との区別などを行うことによって、国民国家をナチズムと慎重に区別しながら論じていく。この点がアレントの議論の特徴でもあるのであるが、彼女にとってナチズムとは反国民国家として捉えられる現象である。ナチズムとは国民国家の没落を背景として出てきた体制であるとされるのである。ということは、アレントの構図においては、国民国家はまがりなりにも一つの政治的共同体としての実質を備えたものであったといってもよいであろう。それがいくつかの要因によって崩壊していく過程がアレントのテーマの一つであるが、むろん、アレントはナチズムに対抗すべく国民国家を強化すべきであったとか、国民国家を再興すべきであるとかといった主張を行っているのではまったくない。それは、アレントにしてみれば、不可能でもあれば望ましくもない事柄である。なぜなら国民国家はそれ自身の内部に崩壊へとつながる要素をもっていたからである。ではどのようにして国民国家は崩壊したとアレントは捉えているのか。この国民国家をめぐる議論のなかで、法的機構としての国家という側面についての、アレントの捉え方も明瞭になるであろう。

アレントが国民国家崩壊の過程で着目するのは、第一次世界大戦後に大量に発生した無国籍者の問題や国民国家内部のシステムの問題である。まず無国籍者の問題からみていこう。アレントは政治体への帰属を「諸権利をもつ権利」であるといった。これは第一次世界大戦後に発生した大量の無国籍者の置かれた状態を意識して述べられたものである。史上初の総力戦であった第一次世界大戦は、「民族（Volk）－領土（Territorium）－国家（Staat）の三位一体」の共同体から放り出された人々、故国をもたぬ人々（die Staatenlosen）を大量に生み出した。この出来事に関連して、アレントはいくつかの考察を行っている。要約的に述べれば次のようになる。

大量の無国籍者の発生は、アレントにとって国民国家崩壊の予兆であった。彼女はこれを法的制度としての国家から民族的（nationale）制度としての国家への変化であるとしているが、[46]その意味するところは、国家が法的機構としてもっていたとされる機能、すなわちさきにも言及した、「民族的帰属にかかわりなく住民を保護する」という機能が失われ、国民であること（Staatbürgerschaft）と民族的帰属（nationale Zugehörigkeit）とが等しくなってしまったことである。[47]アレントによれば、ネーションと法的国家のバランスの上になりたっていた国民国家は、ネーションの優位の下に崩壊の危機に瀕することになり、民族自決などの原則は、それが民族としての人民の意思（nationalen Volkswillen）を優先するものである限り、この危機を増幅しこそすれ、弱めることはない。たしかに西欧の「国民的土地共同体」は、ナチズムなどの「血の共同体」に比べれば、反人種主義的な性格が強いとはいえるかも知れないが、しかしこの共同体も民族の論理に呑み込まれることで、普遍的人権と国民主権との間の矛盾を抱えたフランス革命以来の、[48]国家（法）と民族との間の矛盾を露呈させたというのがアレントの診断である。彼女がいうところの「民族による国家の征服」である。このネーションと法の関係をめぐるアレントの言説においては、一貫して法の優位が貫かれている。この法の領域こそ、アレントにおいては公的領域の第一義的な位置を占めているのである。むろん、さきに述べたように、言語や習慣といったものをアレントが無視していたわけではないが、彼女における法の強調は確認しておかなければならない。たとえば、少々逆説的であるが、「理解と政治」と題する論文において法と政治・市民の関係について次のように言う。ここで彼女はモンテスキューに言及しつつ、

「法は政治生活の領域を、習慣は社会の領域を樹立する。ネーションの没落は、法の浸食とともに始まるのであり、それは法が統治権力によって濫用されたからであろうと、法の源泉たる権威が疑われたり疑問に付されるようになったりしたからであろうと同じことである。いずれの場合も法はその有効性を失うのである。その結果、ネーションはそれ自身の法への『信頼』とともに政治的活動への責任能力を失い、人民 (the people) は語の完全な意味における市民たることを止めるのである。[49]」

法は市民をつくり、市民は政治的活動を行うという、このつながりはアレントの思想における核心の一つである。さて、視点を今一度無国籍者の方に戻してみよう。故国を失った無国籍者は、無権利者 (die Rechtlosen) あるいは故郷喪失者 (die Heimatlosen) あるいは「余計者」として世界における居場所を失い、いかなる政治体にも帰属していないがゆえに、また人権ももたない。アレントからみたとき、今日の国民国家システムにおいては、人権保有者であることと国籍保有者であることとは一致する事柄なのである。[50]「ユダヤ人は虐殺されうるようにな

るためには、国籍を失わなければならなかった」[51]のである。人は政治体の構成員としてのみ、つまり国籍と法的地位をもった市民としてのみ、人権の保有者でもありうる。人間という単なる事実に由来する権利などありえないというのが、アレントの得た教訓であった。[52]アレントのこうした洞察は、人間の存在がいかに国家に拘束されているかを物語っている。[53]こうした状況を前にして、人間を国家から解放せよと主張することも可能だが、むしろ人権は抽象的には存在しえず、共同体において具体化されるというのが、アレントの基本的な立場となる。この場合、アレントの主張を国家主義的に、あるいは国民至上主義的に捉えるのは適当ではないであろう。法的地位としての国籍をめぐるアレントの議論は、市民としての人間のあり方、すなわちシティズンシップ論として捉えるのが適当であると思われる。つまり、個々人は、政治体を構成し、それを担う者として承認されており、そして政治体を自らのアイデンティティの一契機として捉えている、そのような市民のあり方としてである。[54]

このことは、別の角度からも見て取れる。国民国家システムの崩壊との関係でみておこう。さきに国民国家の崩壊は大量の無国籍者の発生を、その要因としているとしたが、しかしながら国民国家の崩壊過程は、このような無国籍者の大量発生のみに由来するものではない。国民国家という形態は、その内実として政党制や議会を備えたリベラル・デモクラシーと結びついたものであったが、これらの諸制度が国民国家を、そこへの帰属が実感できる「故国」と呼ぶにふさわしいものにしていたのは、その構成員がこれらの制度を通じて権力に参与できていたからである。つまり国民国家が各人の参与によって担われる政治体である限り、これは各人にとって「故国」なのである。[55]ところが、こうした政党や議会の機能が麻痺すると、権力から排除される人々が生み出され、政治体は彼らにとって「疎遠な」ものとなる。つまり国民国家は「故国」ではなくなるのである。先に述べた「民族による国家の征服」も、一面では特定集団による国家権力の独占という事態にあるとみることもできる。つまりアレントの国民国家をめぐる議論においては、権力からの疎外という事態が重要な視座となっているのである。

こうしてみると、彼女の国民国家論においては、政治体に帰属し、またそこで権力に参画することが承認されているという、市民のあり方が重要なテーマとなっているといってよい。アレントは法によって構成された領域において人間は、対等な市民というあり方で相互に現われると考えるのである。国家は法的制度として個人を市民化し相互に対等な人間とする。この点で、法に対するアレントの肯定的評価はゆるぎない。歴史的文化的統一体としての国民というあり方も、個人の市民化に寄与する限りで評価されるが[56]、市民化を支える法を超越した存在たらんとしたとき、それは人種主義的（フェルキッシュ）なものとして拒否される。アレントが国民国家を反ナチズムとして位置づけるのは、それがまがりなりにも個々人の市民化に寄与し、また市民として保護し、かつ彼らの権力への参与によって成り立つとともに安定もしてきたという事実を認めるからである。むろん、こうしたことは大量の無国籍者、つまり、いずれの国家においても市民たりえず、当然権力からも排除され、人権喪失者となっている人々の発生の前に、すでに望むべくもない事柄となってしまっていることは、彼女は明瞭に認識している。

制度的および人的共同体に帰属し、その共同体の権力に参与していること、こうした事柄が失われ、それによって個々人の有意性（複数性）自体も失われたこと、これが彼女が近代社会の根本問題としていた「世界疎外world - alienation」の政治的現われであるといってもよい。彼女がネーションの論理によって法的意味での国家が呑み込まれてしまったというのはこのことであり、権力がその構成員から離れ、いわば抽象化してしまったことを意味している。ここに国民国家の陥った隘路があるとすれば、アレントの模索する共和国はその打開を求める営為であったといってよい。

アレントにとっての共和国の創設が、国民国家以後への、つまりは「はじまり」への決意としての「武人的エートス」に支えられていることは第二章でみたとおりである。本章でみてきたアレントの国民国家をめぐる議論から、この共和国の内実にさらに一歩踏み込むことができよう。この共和国は、各人が共同体の法を媒介として相互に現われ、agonal spirit の世界が開示されるとともに、各人が権力に参与していることが実現しているような世界である。この場合、権力への参与は、むろん単なる選挙権の保持などではありえず、共同体への自己定位を保証するものを「共通感覚」と呼ぶアレントの表現が表わしているように、感覚的具体性において各人が共同体を感知しうるということである。彼女が『革命について』のなかで引用している「国が市民のさなかに生きた姿を現わさないならば、自分以上に国を愛せよという勧告にも実体はない[57]」というジェファーソンの言葉がこの事情をよく表わしているといえる。いうなれば、法的共同体としての国家もまた各自のアイデンティティの一契機として実存化されなければならないのである。この実存化された国家こそ、前章でいうところの「作品としての国家」であることは容易に察せられよう。このような国家観は彼女のいう「祖国（パトリア）」という観念と通じている。つまり、一定の領土をもった集団が政治体を構成し、かつ自然に対して人間的世界を構築しており、そしてその世界は、そこに住む人々によってつねに創造と変革の関心の対象となっているような共同体という「祖国」観である[58]。

小括

これまでアイデンティティと法の関係を探るために、彼女の国民国家論をみてきた。国家における法の位置とその法が個々人に対してもつ実存的意味を検討してきたことなる。ここで明らかとなったアレントの見解とは、人は法的衣を身につけた市民として、自らの生が有意味となりうる場としての共同体に生きることができるというものである。この法的衣を身につけた個人なるものが、アレントの用語でいえば、「ペルソナ」と呼ばれる存在であることは、ただちに察せられよう。アレントが『革命について』のなかで自然人と対比させた政治的存在としての「ペルソナ」である。彼女は「ペルソナ」を法的仮面として捉えることによって、法が個人の存在に対してもつ意味を明示しようとしたのである。しかし、法が個人の存在に対して大きな意味をもつとした場合、個人は法の体系のなかにあってはじめて有意な存在たりうるということになる。言い換えると、個人を包摂する法の体系が予め想定されているということになるのである。これは法について述べる前に論じた共同体的側面についてもいえることである。人は言語や習慣といった共同体的な世界に生きるという場合、前個人的世界が想定されており、かつ個人はその世界のなかにあることで個人たりうるという論理になる。法も共同体的要素も個人を包摂する世界なのである。

しかし、では個人の自由とはどこから出てくるか。あるいはどのようにして現われるのか。もし個人の自由がなければ、個人のアイデンティティは自由のない固定化されたアイデンティティとなってしまうのではないか。アレントはこの二つの他に、個体性としてのアイデンティティを挙げ、そこに自由の根源を見出していた。つまり、法や共同体とは別の次元に自由の基盤を見出したのである。それはアイデンティティの層として共同性の次元と自由の次元とがあるということである。それはそれで一つの回答であろう。しかし、それでは、自由と共同性とは単に別次元にある事柄として捉えてよいのであろうか。両者相俟って一つのアイデンティティを形作るとすると、その自由は共同体のなかで、あるいは法の体系のなかでいかなる位置を占めるのか、両者はどのような関係にあるものとして考えるべきか、と問うことはアレントの思想を更に踏み込んで理解する手掛かりとなろう。

次節で検討しよう。

注

（1）*Gespräche mit Hannah Arendt,* herausgeben von Adelbert Reif, München 1976, S. 21.

（2）"'Eichmann in Jerusalem': An Exchange of Letters between Gershom Scholem and Hannah Arendt," *Encounter,* January 1964, Vol. XXII, No. 1, p. 54（邦訳、矢野久美子訳、『現代思想』一九九七年七月号、七二頁）.

（3）EUTH, S. 691（邦訳三、二五二頁）.

（4）EUTH, S. 693（邦訳三、二五四頁）.

（5）EUTH, S. 692（邦訳三、二五四頁）.

（6）EUTH, S. 696（邦訳三、二五七－二五八頁）.

（7）二十世紀初頭におけるユダヤ人のアイデンティティをめぐる意識変化については Young-Bruehl, E., *Hannah Arendt: For Love of the World,* Yale University Press, New Haven and London 1982, p.10（邦訳、四二頁）.

（8）"'Eichmann in Jerusalem': An Exchange of Letters Beween Gershom Scholem and Hannah Arendt,"op. cit., pp. 53-54（邦訳、七一頁）. ホーニッグも、アレントはユダヤ人であることを「事実確認的（constative）」に捉えている面があるのではないかと述べている。See, Honig B., "Toward an Agonistic Feminism: Hannah Arendt and the Politics of Identity, in *Feminist Interpretations of Hannah Arendt,* edited by Honing, B., the Pennsylvania State Univesity Press, Pennsylvania, 1995, p. 152.

（9）*Gespräche mit Hannah Arendt,* op. cit., p. 27.

（10）JP, p. 65（邦訳、二八頁）.

（11）アレントは抑圧に対する抵抗を説くベルナール・ラザールの「パーリア」というあり方を高く評価するが、他方で二十世紀の状況はこの「パーリア」の理想主義も、さらには「成り上がり」の現実主義も空想的なものとしたと述べている。JP, p. 90（邦訳、七四頁）.

(12) 前掲注（1）参照。

(13) JP, p. 64（邦訳、二五頁）.

(14) JP, p. 63（邦訳、二四頁）.

(15) BW, S. 68.

(16) 矢野久美子「『政治的思考』の《始まり》をめぐって」『現代思想』一九九七年七月号。

(17) JP とくに、カフカ論参照。またアレントが「ゲットーへ帰れ」というスローガンに対して批判的であったことも、この点に関連して指摘しておきたい。See, Young-Bruehl, *Hannah Arendt: For Love of the World*, op. cit., pp. 147-148（邦訳、二二五頁）.

(18) JP, p. 77（邦訳、五〇頁）.

(19) Young-Bruehl, *Hannah Arendt: For Love of the World*, op. cit., pp. 72-73（邦訳、一二〇頁）. またブルーメンフェルトらのシオニズムとアレントの政治思想との関連については次を参照。Barnouw, D., *Visible Spaces: Hannah Arendt and the German - Jewish Experience*, The Johns Hopkins University Press, London, 1990.

(20) Ibid（同頁）.

(21) BW, S. 47.

(22) 前掲注（17）参照。

(23) Young-Bruehl, *Hannah Arendt: For Love of the World*, op. cit., p. 139（邦訳、二〇五頁）.

(24) BW, S. 52.

(25) よく知られているように、アレントは自分を「ドイツ哲学の伝統から」きた者として発言している。See, "Eichmann in Jerusalem': An Exchange of Letters Beween Gershom Scholem and Hannah Arendt," op. cit., p. 53（邦訳、七一頁）.

(26) JP, pp. 55-56（邦訳、一〇頁）.

(27)　"Der Jüdische Armee ——Der Beginn einer jüdischen Politik?," *Aufbau*, Vol. 7, No. 47, 1941.

(28)　See, Young - Bruehl, E., *Hannah Arendt: For Love of the World*, op. cit., pp. 173ff.（邦訳、二五〇頁以下）.

(29)　See, Kessler, C.S., "The Politics of Jewish Identity: Arendt and Zionism," in Kaplan G. T., and Kessler, C. S., edited, *Hannah Arendt: Thinking, Judging, Freedom*, Allen and Unwin, Wellington 1989, pp. 96ff.

(30)　Arendt, H., "Jewish History, Revised," in JP, pp. 96-105; Bernstein, R., *Hannah Arendt and the Jewish Question*, Polity Press, UK, 1996.

(31)　Arendt, H., "Jewish History, Revised," op. cit., p. 105.

(32)　Ibid., p. 104.

(33)　JP, p. 121（邦訳、一二八頁）.

(34)　EUTH, S. 130（邦訳一、一五四頁）.

(35)　JP, P. 158（邦訳、一七七 - 一七八頁）.

(36)　アレントは「外国語新聞における外交問題」（Foreign Affairs in the Foreign-Language Press）と題する論文を、一九四四年の大統領選挙前に発表し、アメリカ以外の国を起源にもつ人々（とくにヨーロッパからの移民およびその子孫）が、アメリカ社会に与える影響などにも言及しつつ、彼らの母国語の新聞等を通じてどのような戦後政策、とくに外交問題に関する政策を訴えているかを分析している。そのなかでアレントは、各新聞が訴えている戦後のヨーロッパ秩序としての「連邦（federation）」構想を取り上げ、それらを吟味している。アレントの議論は、ある民族的出自をアイデンティティの基盤として考え、そのような基盤にしたがって集団化していることを自明視していることを窺わせる。このことを念頭においてこの論文をさらにみていくと、アレントはユダヤ人の新聞について言及しており、ユダヤ人は他のヨーロッパ出身の移民たちと異なり、ヨーロッパに祖国というものをもたないがゆえに、この新聞は他のヨーロッパ出身の移民たちの新聞とは異なるという。つまりユダヤ人は、ヨーロッパと切り離されているがゆえに、アメリカの視点から考えることができるのであるというのであるが、しかしアレントによれば、「このことは、表面的な観察者が考えたがるように、ユダヤ人が、ヨーロッパからの他の移民よりも容易にアイデンティティを放棄しようとしている」ことを意味するのではないと述べている。EU, pp. 81-105.

(37) JP, p. 90（邦訳、七四－七五頁）.

(38) JP, p. 161（邦訳、一八三頁）.

(39) LM II, p. 201（邦訳、下、二四〇－二四一頁）.

(40) MDT, p. 87（邦訳、一〇九－一一〇頁）.

(41) MDT, p. 87（邦訳、一〇九頁）.

(42) このような議論はアレントの「共通感覚」論とも一脈通じているといってよいかもしれない。アレントの共通感覚論は多少複雑な構成となっているが、非主観的で客観的な世界を体験し、かつその世界にわれわれを位置づけるという働きをする感覚（常識＝公共心 Gemeinsinn）を指す、とまずは定義できる。もっともアレントの議論には、ある種の共通世界を成り立たせる感覚つまりは現実感覚と、共同体への配慮と同義で用いられている感覚とが併存している場合もあり（川崎修『アレント』講談社、一九九八年、三四一頁）、後者の場合、共通感覚論は彼女の判断力論へと通じてくるが、この判断力論もまたいくつかの要素が絡み合った概念であるといえる。少なくとも、共同体全体を配慮する能力つまりは「徳」という共和国への愛に基づいた判断と、他者の立場に立って考えるという公平な判断とはまったく同一であるとはいえない（BPF, および、Arendt, H., *Lectures on Kant's Political Philosophy*, edited and with an interpretative Essay by Beiner, R., The University of Chicago Press, 1982 参照）。アレントの共通感覚論や判断力論にここでこれ以上立ち入ることは避けるが、共通感覚論や判断力論が共同体的契機と無縁ではない、むしろ共同体的契機なしでは成り立たない事柄であるということは確認しておきたい。この共同体的契機の喪失が近代の主観化に他ならないし、また共通感覚の喪失ないしは主観化（人間の条件）にほかならない。

(43) EUTH, S. 223（邦訳二、八頁）.

(44) EUTH, S. 223（邦訳二、八頁）.

(45) See, Gellner, E., *Nations and Nationalism*, Blackwell Publishers, UK 1983（加藤節監訳『民族とナショナリズム』岩波書店、二〇〇〇年）.

(46) EUTH, S. 434（邦訳二、二四九頁）.

(47) EUTH, S. 433（邦訳二、二四八－二四九頁）.

(48) EUTH, S. 371（邦訳二、一七六頁）.

(49) EU, p. 315.

(50) EUTH, S. 376（邦訳二、一八一－一八二頁）.

(51) EJ, p. 240（この文言は英語版のもので、邦訳にはない）.

(52) EUTH, S. 457, 466（邦訳二、二七四－二七五頁、二八六頁）.

(53) 国籍をめぐる諸問題についてはさしあたり次を参照。Walzer, M., *The Spheres of Justice: A Defense of Pluralism and Equality*, Basic Books, Inc. Publishers, New York 1983, chap. 2（山口晃訳、而立書房、一九九九年）. もりき和美『国籍のありか——ボーダーレス時代の人権とは——』明石書店、一九九五年。寺島俊穂「国家主権と国籍条項」鷲見誠一・蔭山宏編『近代国家の再検討』慶応義塾大学出版会、一九九八年、所収。

(54) これは、Walzer, M., et al., *The Politics of Ethnicity*, The Belknap Press of Harvard University Press, Cambridge 1980 や Mouffe, C., *The Return of the Political*, London and New York, Verso 1993（千葉真・土井美徳・田中智彦・山田竜作訳『政治的なるものの再興』日本経済評論社、一九九八年）などにみられるシティズンシップ論と近い議論であろう。

(55) ただし政党についてのアレントの評価は一義的ではなく、たとえば『全体主義の起源』では、アングロサクソンの政党と大陸の政党との違いを、前者が市民（公民）の政治的組織として市民の政治参加に資していたのに対して、後者は公的問題に無関心な私的個人の集合でしかないとしている（EUTH, S. 407（邦訳二、二一六頁））。ここでは、政党に一定の評価を与えているわけであるが、『革命について』では、政党は権力独占の手段として国民国家的なものとされ、革命的自治と対比されることになる（OR, p. 247（邦訳、三九六頁））。このような違いにもかかわらず、アレントが何に重点をおいているかは明らかであろう。すなわち評価の基準は、権力への参加なのである。そして権力の独占からなる国民国家と対比されて、権力への参加を基盤として成立するのが共和制である。もっとも、この点でも共和制が常に国民国家と対概念であるかというと、必ずしもそうはいえない。たとえば『全体主義の起源』では、フラテルニテ（友愛）とネーションと共和制が結びつけて考えられている個所を見つけ出すことができる（EUTH, S. 272-274（邦訳二、六四－六七頁））.

(56) EUTH, S. 272, 372（邦訳二、六四頁、一七七－一七八頁）.

(57) OR, p. 253（邦訳、四〇四頁）.

(58) EUTH, S. 318-323（邦訳二、一一八－一二二頁）.

第二節　ペルソナ・自由・友情

これまでアイデンティティという言葉を用いて、アレントの人間観における個的自由の次元と共同体的次元との重層性について述べてきた。ここでとくに注意を払うべき問題とは、本章の冒頭に指摘したとおり、共同性の次元をいかに個体性へと開いていくかということであるが、その観点からすれば、アレントの個人を構成する三つの契機は、共同性と個体性の複合した個人のありようを示したものとして捉えることができる。しかし、この人間の複合性をさらに踏み込んで考えれば、これらは個人を構成する三つの契機として並列的に存在しているというわけではない。便宜上、これら三つの契機を個体性と共同性という二つの次元としてまとめて考えれば、この二つの次元は内的に連関していることに注意しなければならない。そしてその連関は、アレントにおいては、個体性すなわち自由へと開かれた共同性、あるいは自由を基盤とした共同性という論理によって支えられている。ではそれはいかなる論理であるか。本節の課題は、この論理の内実を明らかにすることである。

　本書はこれまで、たしかにアレントは共同体への帰属を重視していたが、同時に共同体からの「距離（distance）」をもって帰属することを中心的なテーゼとしていたと述べてきた。彼女の思想における「距離」という概念の重要性である。[1] まずはアレントにおけるこの「距離」の概念を再確認しておこう。たとえばアレントは次のように述べる。

「わたしたちは友情を親密さの現象として考えがちです。友情とは親密さのなかで、世界や世界からの要求に妨害されることなく、人々の心を互いに開かせるものだと考えるのです。レッシングではなくルソーこそが最良の唱道者であるこうした考え方は、世界から疎外され、顔を突き合わせるくらいの私的で親密な関係においてしか自分をさらけ出すことができない近代的個人の基本的な態度にまことに合致しています。[2]」

アレントはここで「親密さ」と世界からの疎外を等置している。すなわち「親密さ」とは世界からの疎外なのである。つまり逆にいえば、「親密さ」の反対である「距離」を保つことこそが世界からの疎外の対極に位置する事柄なのである。では、「距離」を保つとは一体どういう人間のあり方を意味しているのであろうか。このあり方はアレントの政治像そのものといってもよいのであるが、ここでは「活動」とアイデンティティとの関連に着目して、明らかにしよう。

1　「活動」とアイデンティティ

アレントの「活動」という概念は、思想史上の位置として、(現象学的) 実存哲学の潮流や共和主義的思想潮流に位置づけられることが多かった。[3] 本書もそうした観点からアレントを論じてきたのであるが、とくに九〇年代以降、彼女のポストモダン的側面に注目する多くの研究が現われている。ポストモダン的な思想潮流とは、固定的な秩序や単一で統一的な自我（真の自我）などの否定を思想的支柱としており、アレントの思想における「アゴナル・スピリッツ」や「現われ」としての個人といった諸観念や、あるいはまた「コンセンサスの政治」よりも「差異の政治」を重視するアレントの傾向が、彼女のポストモダン的解読の手掛かりとして取り上げられる。[4]この研究動向はヴィラやホーニッグによって代表されよう。本書は必ずしも、ポストモダン的な立場に立脚するものではないが、ここではホーニッグのいうところを振り返って、「距離」とは何かについて、異なった視角から検討してみよう。

ホーニッグは、アレントの政治思想について、そのパラドキシカルな、時として矛盾であるとさえいえるような諸側面を正確に捉えている。まずはホーニッグのヴァーチュ（virtue）とヴィルトゥ（virtù）という、よく知られた用語の確認からはじめよう。ホーニッグはこの二つの用語を対比的に用いているが、彼女のいうところの政治の「ヴァーチュ」理論は、「紛争やアイデンティティの政治を行政に取って代え、法的な合意（settlement）を政治および政治理論の課題として捉える」という。他方、政治の「ヴィルトゥ」理論は、「政治を撹乱的な実践、すなわち政治的競合のために行政と法的合意の強固さと閉鎖性に抵抗することとみなす[5]」ものであるとする。後者はアゴーン的な紛争を政治の本質とみなすものであるが、いうまでもなく、ホーニッグの捉えるアレントの思想もこの範疇に入る。

しかし、たしかにアレントの思想は「ヴィルトゥ」理論の代表例であるかも知れないが、彼女の思想には政治的安定を目指した側面があることもホーニッグは指摘している。ホーニッグの指摘によれば、アレントには、創造的な「活動」と権威的な制度の創設という二つの側面が本質として存在する。つまり、アレントの「活動」概念には、偶然性を強調する面と安定性を強調する面とがあるということである。とはいえ、ホーニッグはこの二つの側面を相反するとしたままでいるわけではない。たしかに、創造的な「活動」は世界を偶然的なものにし、政治をアゴーン的なものにする一方で、権威的な諸制度の創設は永続的な共同体の創設を意味すると考えれば、この二つの側面は相反するのであるが、ホーニッグは永続的な共同体は、許しと約束というそれ自体「活動」の範疇に入る行為によって支えられるとすることで、創造的で遂行的（performative）な「活動」の概念の下に統一的に把握しようとする。(6)

こうしてホーニッグはアレントの政治観における遂行的な、つまり事実確認的（constative）ではない特徴を明らかにするのである。そしてこの遂行的な政治観は、同時に遂行的なアイデンティティという観念にも通じている。「アレントが称揚するアイデンティティとは、自己知識や統合された主体や自立性などとは何の関係もない。(7)」アイデンティティとは遂行的な「活動」の所産であって、「活動」の条件ではない。端的にいえば、アイデンティティとは特定の集団に固定されているとみるべきではないということである。アイデンティティの固定化に抗することこそ、自由を目指す政治の課題なのである。この議論は、アイデンティティの不可欠性を確認しながらもアイデンティティのドグマ化に抗することの重要性に注意を向けるコノリーの議論を想起させる。(8)ホーニッグの解釈が、偶然性と自由に開かれた、あるいはむしろ自由を基盤とする永続的な政治体を示唆しているように、コノリーのいう「差異の政治」もまた必然性や普遍性に対して可変性や特殊性を強調し、また確実性や恒常性に対して不確実性や変動性を強調する。(9)

こうしてみると、両者の議論は、アイデンティティの概念を自由に対して開放しようとしている議論であることが明らかである。つまりアイデンティティとは、共同体に帰属することによってのみ得られるのではなく、自発的行為にコミットするということを不可欠の条件としているのである。つまりアイデンティティとは、共同存在としての個体と個体としての個体という、個体を構成する二つの次元に等しく関わっているのである。その折り、ホーニッグの議論は、アイデンティティの二つの次元のうち、個体の自発的行為へのコミットメントがアイデンティティのより根本的な条件であると捉えているが、アレントにおいては以下にみるように、この二つの次元は分かち難く結びついている。この結びつき方が「距離」という言葉で表現されているのである。

2　ペルソナ・「距離」・友情

アレントの思想において「距離」というのは、自由のみではなく、世界にもかかわっている。あるいは世界に媒介された関係が、「距離」を生むというべきである。言い換えると、アレントが積極的に主張しようとする関係は、無世界的な、親密な関係ではなく、介在者（in - between）としての世界が人々を結びつけ、また切り離しているところの関係である。このような関係をアレントはアリストテレスにならって「フィリア」すなわち友情と呼ぶ。では友情とはいかなる関係を意味しているであろうか。

アレントは世界に媒介された関係を、右にも述べたように、友情と呼ぶが、この友情の関係の本質は、「対話」つまり「個人的な親密さにかかわるものではなく、政治的要求を掲げて世界について論及しつづけること[10]」にある。あるいは別の箇所では「フィリア」についてこういわれている。「フィリア」とは、「世界の空間がわれわれの間に置いている距離をもって人格を尊重すること[11]」である。こうしたアレントの文言から分かるのは、友情とは距離を体現した関係であるということ、そして世界、あるいはポリス（政治体）にかかわるものであること、友情とである。要約的にいえば、友情とは、人々を政治体に結びつける公的関係であるということである。逆にいえば、公的事柄に関心をもち、それについて語り合えば、彼は友情のなかにあり、同時に公的人間となるということであるともいえる。

さて、公的問題について語り合うのが友情であるとした場合、この友情のうちに現われる「距離」とは何か。まず第一に挙げられるべきは、意見の多様性という形で現われる「距離」であろう。アレントにおいて意見とは、「世界は私にはこう見える（dokei moi）」という「ドクサ」といわれるものであり、あるパースペクティヴからみた世界の現われであるといってよい。いうまでもなく、これは予め対象として存在している世界についての断片的な表現ではない。世界とは、この「ドクサ」、およびその交換のうちに現われ出るところの出来事なのである。このパースペクティヴの多様性が世界を世界たらしめ、われわれにとって共通の世界たらしめるのである。逆に、「共通世界の終わりは、それがただ一つの側面でみられ、ただ一つのパースペクティヴでのみ現われることしか許されないときにやってくる」[12]のである。この場合の意見の多様性が、ここでいう「距離」である。共通世界のなかにありながらも、各人がそれぞれのパースペクティヴをもっていることが、相互の「距離」を表現しているのである。

しかし、「距離」にはこれとは異なった側面もある。「距離」とは世界に媒介された関係であると述べたが、「世界に媒介された」人間のあり方とは、アレントのいうペルソナでもある。アレントのいう世界とは、現象学的な含意もさることながら、死すべき人間の住処として政治体を指す場合が多い概念である。そしてこの政治体とは前節で述べたように、法的関係と習俗・習慣の関係からなっている。とりわけアレントが政治体の特質として強調するのは、法的関係である。したがって「世界に媒介された」関係というのは、法的関係に媒介された関係であるということができる。この法的世界に媒介されることによって、人間は、一つの塊としてではなく、相互に「距離」をもった関係を築くことができるのである。ここでわれわれはペルソナという言葉を想起すべきであろう。

つまり法的関係に媒介されることで、各人は法的仮面を通じて相互にかかわり合うことになり、けっして裸の個人としてかかわり合うのではない。

ペルソナという言葉についてはこれまでにも何度かふれているので、ここでは詳しく述べることは避けるが、『革命について』のなかでアレントが強調していた、自然人と区別された、法的仮面を身につけた人間という点は確認しておかなければならない。端的にいえば、ペルソナとは法的人格なのであるが、本書のこれまでの議論からして、ペルソナとは、政治体の構成員として承認された人間のあり方であるが、しかしそれはあくまで、共通の事柄について語り合うことを通じて、公的事象にかかわる公的人間として「現われる」人間のあり方である。つまり、ペルソナとは、法的共同体に帰属することによって法的仮面を与えられた人間なのであるが、あるいは前節との関連でいえば、法的・道徳的共同体に帰属する、といった方が適切かも知れないが、いずれにせよ、政治体そのものを体現した人間であるといってよい。たとえていえば、「人格化された政治体」とでもいうべきかも知れない。[13]しかし、注意すべきは、これはある共同体のなかにはめ込まれ、規定された人間を意味してはいないということである。ペルソナとは、たしかに共同体によって成り立つが、公的世界としての法的共同体について常に語り合う人間でもある。いうなれば「活動者（man of action）」そのものを指している。つまり、対話によって世界を人間的にする友情という関係の主体である。したがって、ペルソナという言葉には、政治的活動者としての人間という、人間のあり方とともに、政治的人間を成立させ、彼らの活動のフィールドともなる諸関係の存在が含意されていると考えるべきであろう。ペルソナとは、共同体に内在した人間と自由を行使する人間という、二つの人間のあり方を統合した概念であるといってもよいのである。

この共同体に内在した人間と自由を行使する人間というのは、アレントの思想における核心でもあり、また本節での議論の中心となるところであるので、この点について今少し、立ち入って説明をしておきたい。

まず、共同体への内在からみていく。ペルソナが法的人格として法的世界を体現したものであるとすると、ペルソナという概念は政治体において法的地位を確固としてもった人間である、すなわち市民という地位（citizenship）をもった人間であるということができる。前節から何度か強調しているように、政治体に帰属するという場合の政治体とは、アレントの場合、具体的な共和国であったり、法的関係を中心とした国家への帰属であったりする。たとえば、『イェルサレムのアイヒマン』のなかで、アレントは「領土（territory）」という言葉を用いながら次のようにいう。

「『領土』とは、…政治的かつ法的な概念であり、単なる地理上の用語ではない。領土とは一片の土地というよりも、少なくともそれが第一の意味というよりも、集団に属する個々人の間にある空間とみられよう。その集団の成員は、共通の言語、宗教、共通の歴史、習慣、法に基づくさまざまな関係によって結びつけられ、同時に隔てられ、守られている。このような諸関係は、集団の多様な成員が相互に関係し、相渉る空間をそれら自身が構成するときには、空間的にも明確な形を取る。[14]」

アレントはここで一片の土地と「間にある空間（in-between space）」とを等置している。つまり、ここでは一片の土地は友情の関係を意味し、かつ活動が行われる舞台を指している。しかし「領土」と呼ばれる一片の土地は、そこに住む人間たちの諸関係を指すとしても、他方でそれが国家（ないしは政治体）の空間的領域を指すこともまたいうまでもないことである。したがって、こうした関係のうちにある成員は一片の土地に住むことによって、国家に帰属しているのである。この国家への帰属は前節でみたように、アレントにおいては国籍という観念で表現されていた事柄である。

一片の土地に住むことは国家に帰属することを意味し、それが法的に保障されていること（国籍をもつこと）は彼らの生命と権利と尊厳を守るための砦の内側にあるということであり、ここでのみ人は自由を享受しうるのである。アレントは政治体について、好んで「必然という大海に浮かぶ自由の島」という比喩を用いる。[15] この比喩はアレントの思考傾向をよく表わしている。一片の土地は自由の島として、その内部に自由を支える共同性の空間を保持する。[16] この空間の内部ではアゴーンと呼ばれる個々人の卓越性を求める営みが展開される。しかし他方で、この島はその外側とは明確に領域が区切られた共同体として思念される。つまり「個人は構成された政治体の外部では無力」[17] であり、「政治体の外では暴力に曝される」[18] のであり、そうであるがゆえに、「政治体の外では意味と尊厳を欠く」[19] とされのである。この場合、政治体は法によって構成された空間として創設され、外部と区別される。こうしてアゴーンと創設という「活動」の二つの側面が出てくることになる。しかし、ここで確認しておくべきは、アレントにおける国家への帰属の強調は、人間の尊厳の砦としての政治体という観点と密接に関連しているということである。

もっともこのように述べたからといって、アレントが国民国家を自明のものとみなしたり、あるいは国民共同体をあるべき共同体とみなしたりしたということではまったくない。国民共同体に基づいた近代の国民国家が、大量の国家喪失者をもたらし、またその内側においても世界から疎外された大衆を生み出したことをアレントが明確に認識していたのは、前にみたとおりである。アレントはこの国民国家を乗り越えた政治体、たとえば共和国を求めたのである。そのことを前提とした上で、ここで想起すべきは、アレントが国家の法的制度とそれがもつ住民すべてを保護するという機能を高く評価していたという点である。こうした法的制度において活動者としてのペルソナは支えられ、人々は政治的バーバリズムから守られるとともに、自由の基盤が提供されるのである。[20]最後の著作『精神の生活』においてアレントは次のように書いている。

「人々がそこにおいて市民となるところの政治的共同体は、法律によって生み出され、保護される。それとともにこの共同体はさまざまな形態の政府をもつが、この政府はすべて何らかの方法で市民たちの自由意思を制限する。それでも、一人の恣意が万人の生活を支配する専制という例外を除けば、こうした政府は、憲法的に組織された市民の集合体を現実に動き出さしめる活動のための自由の空間を開くのである。[21]」

こうしてアレントは、法的制度としての国家が、一方で市民という地位の基盤となり、他方で自由の空間を形成するとして、その役割を強調する。その限りで市民たることと国籍の保有とが結びつくのである。

ところで、ペルソナという言葉の今一つの意味であった自由を行使する人間という側面についてはどうであろうか。共同体に内在した人間において、自由とは、共同体からの「距離」によって保障されると考えることができよう。この場合、「距離」とは、公的事柄について語り合う公的人間というあり方における、パースペクティヴの多様性において保障されるものであるといいうるが、同時に、あるいはより根源的には、個的自由のための空間として保障されるものであるという観点も忘れてはならないであろう。前節でみたように、アレントは個人を構成する契機として三つの次元を挙げ、そこにおいて二つの共同体的契機とは別次元に個的自由の契機を指摘していた。つまり共同体的関係からはみ出す部分を確保し、ここに自由の空間を確保しようとしたのである。これが「活動者」としてのペルソナを支える人間論的基盤である。『全体主義の起源』においては個人の個体的唯一性あるいは特異性の次元に位置づけられていた、この自由の空間は、後に『精神の生活』においては「意志」の次元において位置づけられることになる。しかしすでに指摘したように、個的自由の次元を共同体的関係の次元から区別したこと自体がアレントの特徴というわけではない。ここでは自由の空間を「距離」という観点から捉えたのであるが、この観点からみれば、自由の空間は単に個の内部にその基盤をもつのではない。さきに「世界の空間がわれわれの間に置いている距離をもって人格を尊重すること」を「フィリア」と捉えるアレントの見方に触れたが、この見方からすればまさに「フィリア」の関係自体が「距離」を可能にすることになる。つまり「距離」において自由の空間が可能となるのである。まさに自由は「フィリア」つまり友情という関係によって支えられることになろう。

さて、これまでペルソナという人間のあり方について論じてきたのであるが、共同性と自由との、このアレントにおける結びつき方について、今一度、整理しておこう。右においては「フィリア」に支えられる自由という結びつきをみたのであるが、このことを角度をかえて言い換えてみよう。アレントは、ペルソナという用語について、法的仮面として意味づけているのであるが、ここで「法的」というのは、習俗・習慣も含めたところの、アレントがモンテスキューを援用して述べているような「関係としての法」である。つまりこれがなければ「人間同士の間の空間は砂漠となるか、むしろ媒介となる空間そのものがまったく存在しなく」[22]ような関係を構成するものである。こうした諸関係に内在した諸個人、つまり市民こそが、アレントにおいては政治的自由の主体なのである。この場合、このペルソナ、すなわち市民を支える諸関係が固定的でありえないのは、意見の多様性と個的自由の空間が、「距離」という観念によって保障されているからである。ここに、アレントの思想において、自由へと開かれたアイデンティティのあり方があるといってよいであろう。このようなアイデンティティのあり方について、彼女のいう対話からなる友情という観点から、彼女の論理をさらに明確化してみよう。

この友情という関係は、活動が遂行される舞台として、また人々が行為と意見によって判断される関係として考えることができる。その意味では友情とは、アレントの思想における核心の一つである。この友情について、アレントは『全体主義の起源』のなかで、アウグスティヌスの愛の概念と重ね合わせている[23]。アウグスティヌスについては、アレントの学位論文のテーマであったこともあり、彼女は終生、好んで引用するのであるが、そのアウグスティヌスのいう愛とは、アレントによれば、「私はあなたがいることを欲する（Volo ut sis）」というものである。ただ、この愛という概念のアレントの扱い方には、多少注意が必要である。というのは、『全体主義の起源』英語版において、友情、愛、同情（sympathy）などが同列に置かれ、それらはすべて私的な領域に属する事柄として捉えられているからである[24]。あるいはまた『人間の条件』においても愛は私的な事柄として位置づけられている。アレントの意図は明確であろう。彼女のルソー批判においてみたように、アレントは世界の媒介のない結合を非政治的であるとして、政治の世界とは別の次元におくのである。非政治的であるどころか、反政治的なものとして位置づけられる場合もあることもみたとおりである。そのような結合は、人間から対話の必要性を奪ってしまうものであり、対話によって共通世界を構成するという政治とは対立するものなのである。

しかし、これまで論じてきたように、アレントはアリストテレスの「フィリア」を政治的なものとして論じていたし、またレッシング論に明らかなように、友情は同情と異なり、政治的なものとして論じられてもいる。愛についても、アレントは明らかに異なったトーンで論じるようになる。たとえば最後の著作『精神の生活』の、とくにアウグスティヌスに関する部分をみていこう。ここでは愛という概念は、単に異なったトーンで論じられるというより、アレントの思想的核心を表現しているといってよい。従来、アレントの思想においては、「活動」や「複数性」と比べて、比較的位置づけの弱かった観のある「愛」の概念であるが、われわれの問題設定からみたとき、その意義は大きいといわなければならない㉕。

アウグスティヌスに関する議論において、アレントは、意志と愛について論じている。ここで論じられる意志とは、外的世界と内面とを統一し、「行動の源泉」として働くという側面と、「意志すること（velle）」と「否と意志すること（nolle）」との抗争あるいは多数の意志の分裂という、いわば内面的葛藤の状態としての側面とにおいて捉えられている。この意味で、意志は一方では、すでに触れたように、自発性という自由の精神における在処であるとともに、他方では、際限のない内面の抗争をもたらすものでもある。アレントは自由の在処としての意志という側面は守りつつ、しかし意志自体が自由ではありえず、自由は、内面的葛藤としての意志が行動において意志することを止めたときに生じると述べる㉖。

意志の葛藤が行動において解消されるとき、アレントによれば、意志は愛へと転換しているのである。外的世界と内面とを結合する力であった意志は、愛する者と愛される者という、二つの実体を結合する第三の項である愛へと転換することで、より強力で、より安定した力として救済される。この意志と愛の関係は、ドゥンス・スコトゥス論においてもみられ、そこでは、uti（何かを他の何かのために使うこと）とfrui（それ自身のために享受し楽しむこと）というアウグスティヌスの区別が援用され、後者の意味における愛の結合力が強調される㉗。このような議論においてアレントが述べているのは、個の自発性としての自由の尊重と、他者との対等な結合としての自由とをどう結びつけるかという問題についての、彼女の考察である。アレントは前者を意志と、後者を愛と呼び、かつ愛を意志の変容態として捉えることで、連続的で内的に連関したものとして捉える。つまり愛とは

「持続し葛藤のないある種の意志[28]」なのである。このような議論において確認しておくべきは、愛とは、したがって、自発性としての自由という意志の契機を含み、かつ他者との対等な結びつきを可能にする力であるということである。

ところで、今一つ確認しておくべきは、アレントはアウグスティヌスの意志を論じる際に、三位一体論に言及し、その関連で次のように述べている。

「自立的な『実体』が相互に根拠づけあう関係の典型は友情である。友人たる二人の人間は、彼らが自己自身と関係しているかぎりは、『自立的実体』だということができる。彼らは、相互に相対的にのみ友人なのである。一組の友人は、彼らが友人である限りは、統一、一者をなす。友情が消失する瞬間に、彼らは、再び、相互に独立した二つの『実体』となる。こうしたことから示されるのは、人でも物でもそれが一者でありうるのは、自己自身にのみ関係し、それでいて他者にも関係して、その他者と非常に親密に結合しているので、これら二つのものは、その『実体』を変えず、自らの実体的独立性と同一性とを失うことなく、一者として現象することができる、ということである。[29]」

注意したいのは、三位一体という神学的な概念を友情として示している点であり、そして友情として示される関係は、愛する者と愛される者とが結びつくあり方と同一の関係であるという点である。これは、愛を結合する力として示した場合、自立的な実体の結合のあり方としての三位一体と重なってくるのは、ある意味では当然かも知れない。結合自体が愛だからである。つまり愛と友情とは、右に引用した三位一体的結合として同一の関係として考えてもよいであろう。そうすると、アレントの愛という概念には、自発性としての自由と友情という関係のあり方とがともに含まれており、かつその関係には他者をそれ自体として尊重するということも含意されている。

さて、われわれの問題をもう一度想起してみよう。われわれが問うたのは、「活動」の主体を成り立たせ、同時に「活動」の舞台ともなる諸関係は、いかに自由へと開かれているのかというものであった。右の議論からみれば、この問いに一定の回答を与えることができよう。すなわち、友情という諸関係は、アレントがいうところの愛であり、その愛は自発性としての意志を内在させている。そしてそうであるがゆえに、友情とは自発性としての意志を、つまり自由を内在させているのである。あるいは自由と相互の尊重を内在させているといってよい。自由へ開かれた友情という関係が、相互に尊重し合う共同の関係体を形成するのである。[30]

注

（1）「距離」という観念の重要性についてはVilla, D., "Hannah Arendt: Modernity, Alienation, and Critique," in *Hannah Arendt and the meaning of Politics*, Craig Calhoun and John McGowan, eds., University of Minesota Press, Mineapolis 1997, pp. 179-206. また「距離」と「友情」を関連づけて論じたものとして次を参照。Disch, L., "On Friendship in "Dark Times"", in *Feminist Interpretations of Hannah Arendt*, op. cit., pp. 285-311. また直接アレントを論じているわけではないが、次も参照。See, Connolly, W., *Identity/Difference: Negotiations of Political Paradox*, op. cit.

（2）MDT, p. 24（邦訳、三六頁）.

（3）夥しい文献があるが、我が国において、こうした潮流に位置づけたものとして、さしあたり次を参照。川崎修「ハンナ・アレントはハイデガーをどう読んだか」『思想』一九八九年六月号、同「アレントを導入する」『現代思想』一九九七年七月号、小野紀明『政治と現象学』行人社、一九九四年、第5章「政治と存在論」。いわゆる共和主義との関連に着目したものとしては、川崎修「アレントを導入する」前掲、伊藤洋典「ハンナ・アレントにおける『共和国』創設の思想――『日常』と『英雄主義』の間――」『熊本法学』九七号、二〇〇〇年（本書第二章はこの論文を元にしたものである）などがある。

（4）小野紀明『二十世紀の政治思想』岩波書店、一九九六年。

（5）Honig, B., *Political Theory and the Displacement of Politics*, Cornell University Press, Ithaca 1993, p. 2.

（6）Ibid., p. 87.

（7）Ibid., p. 83.

（8）Connolly, op. cit., p. 159（邦訳、二九八頁）.

（9）Ibid., p. 28.

（10）MDT, p. 25（邦訳、三八頁）.

（11）HC, p. 243（邦訳、二六九頁）.

（12）HC, p. 58（邦訳、五九頁）.

（13）これまで繰り返し指摘してきたように、アレントの政治論は制度論の方向ではなく、人間論の方向へ収斂していく傾向が強い。その意味でペルソナ論は、政治体を構成する法的関係を、人格構成の契機とするという点で、アレントの傾向をよく示しているといえる。

（14）EJ, pp. 262-263（邦訳、二〇三頁）.

（15）OR, p. 276（邦訳、四三六頁）.

（16）むろん、「汝らがゆくところ汝らがポリスなり」（HC, p. 198（邦訳、二二六頁））というように、この空間は人々の移動によって移動することもありうる。

（17）OR, p. 171（邦訳、二六四頁）.

（18）BPF, p. 71（邦訳、九四頁）.

(19) Ibid.

(20) See, Hinchman, S. K., "Common Sense and Political Barbarism in the Theory of Hannah Arendt," *Polity*, Vol. 17, No. 2, Winter 1984, pp. 317-339.

(21) LMⅡ, p. 199（邦訳下、二三八頁）.

(22) OR, p. 302（邦訳、二七九頁）.

(23) OT, p. 301（英語版のみ）.

(24) Ibid.

(25) アレントにおける愛の概念について詳細に論じたものとして次を参照。Chin Chiba, "Hannah Arendt on Love and the Political," *The Review of Politics*, Vol. 57, No. 3, Summer 1995, pp. 505-535. 千葉真「愛の概念と政治的なもの―アーレントと集合的アイデンティティの構成」『思想』一九九四年一〇月号。

(26) LMⅡ, pp. 101,110（邦訳下、一二三－一二四頁、一三四頁）.

(27) LMⅡ, p. 144（邦訳下、一七四頁）.

(28) LMⅡ, p. 104（邦訳下、一二七頁）.

(29) LMⅡ, p. 98（邦訳下、一二〇頁）.

(30) 友情が共同体を形成するという点については、次も参照。Arendt, H., "Philosophy and Politics," *Social Research*, Vol. 57, No. 1, Spring 1990, p. 83.

終章

これまでの議論を振り返ってみると、アレント思想は一方で関係内在的な人間像を軸に展開され、他方で脱日常的な個の自由を行使する人間像を軸に展開される。このような基本的特徴は、いうなれば、ノモスを中心とした共和主義の思想と実存哲学的な脱日常の思想との接合の試みであるとみることができる。本書ではこの接合の焦点としてペルソナという概念に着目して、アレントにおける共同性の論理を探ってきた。むろん、アレント自身はこの言葉をそう多く用いているわけではないが、しかしこの概念は、彼女の議論の論理的特徴を集約的に表現するものとして捉えてもよいのではないであろうか。

これまでの章で触れたように、ペルソナとは日常の慣習や関係を打破する出来事において現われる人間であると同時に、諸関係において成り立つ人間でもある。このような二つの人間像は、世界によって成り立つ人間像と世界を創出する人間という、相対立する人間像へと帰結していく見方であるともいえる。しかしアレントはこの点に関しては、それを相対立する人間像とはみていなかったのではないかと思われる。第四章でみたように、アレントは、アウグスティヌス的「愛」をその人間像のもっとも基底的な部分に置くことによって、自由に対して開かれた友情という観点を人間像の根本的視座としている。この自由と友情という観点によって、世界を創出する人間と世界によって成り立つ人間という二つの人間像は同じ事柄の裏表として捉えられているといえる。

このような人間像は、個的自由の空間を保持しながらも、同時に関係のなかにアイデンティティの基盤を見出すという要請をともに満たすものとみることができる。序章でも触れたように、これは、政治体への帰属と自由という契機とをどのような連関のもとに捉えるかという問題と関連している。アレントが「活動」という概念によって表わそうとしたのは、政治体に帰属するということと自由であるということが相互に補完し合うような人間のあり方であり、そのあり方の範例がポリスにおける実践である。彼女はこれを「政治」の原風景として考えたのである。

ところで、全体主義の時代を生きたアレントが個人の自由というものに大きな価値を見出すのは当然であるともいえるが、アレントにとって個人の自由は政治体への帰属なしではありえないものであった。なぜ彼女は政治体への帰属をかくも重視したのか。この問いに対して本書で示そうとした解答は、一つは、政治体ないしは諸関係のなかにあることが自由の条件であるということであったが、今一つは、アレントにとって、こうした政治体ないしは諸関係にあることこそが人間の尊厳の砦であるということである。アレントにとってこの視点なしでは、自由も意味がないであろう。その意味では、政治体への帰属の重視というのは人間の尊厳という観念と分かち難いものであり、そして政治体の基底には、先に述べたように友情という関係があるとすれば、アレントにとって人間の尊厳とは、友情によって守られるものであるといえるであろう。これが「見捨てられていること」からの人間の救済である。

政治体に対するアレントのこのような捉え方が、彼女の国民国家論を特色づけている。アレントはその著作の至るところで国民国家批判をしているが、他方で、「反国家的運動」としてのナチズムに対置して、国民共同体や法的制度としての国家のある側面は肯定的に捉えてもいる。そのような評価の違いは、人間が、裸の自然人ではなく、ペルソナを纏った人間として、つまり法的権利をもち諸関係に繋ぎ止められた人間として生きることを可能にする契機があるかどうかにかかっているとみることができる。アレントがもはや「友情」の共同体たりえない国民国家の破綻を自覚し、その向こう側に共和国の創設を展望していたことは間違いないのであるが、その共和国に要請される政治体としての条件は必ずしも国民国家の全否定の上に成り立つわけではないのであって、機能不全に陥り、多くの疎外された（見捨てられた）人々を生み出した国民国家の、いわば「止揚」という側面があることは看過されてはならない。

本書はこれまでアレントの思想を「疎外」を手掛かりとして読みとろうとしてきたが、この疎外という状況の背後には、M・ウェーバーを持ち出すまでもなく、西欧合理主義の進展のなかで否応なく迫ってきた世界と生の無意味化という事態があるといってよい。いかにしてこの疎外あるいは無意味化という事態を克服するか。この問いにアレントは「政治体の創設」という回答を与えたのであった。アレントが描き出した政治像は、さきにみたように、個のアイデンティティを保障し、生の意味を救済する政治である。人間の尊厳も自由も政治体においてこそ保障されるのである。むろん、そうした要求は政治に対する過大な要求であるとして、この政治観を批判することもできよう。しかし、二度の世界大戦を経験し、人間の運命と国家の運命とが直接的に結びつき、また対峙した二十世紀という時代にあって、政治を生の意味との関連において捉えるというのはありうべき政治観ではなかったろうか。その意味でアレントの政治像には国民国家が強大な力を揮った二十世紀の刻印が明確に跡を留めているのである。

むろん、アレントの政治観はこのような時代的刻印という側面だけではなく、今後の政治のありよう、あるいはその担い手のありようを考える際の手掛かりとなる側面もいくつか見出されるであろう。[1] 今後(現在も含めて)の政治の在り方を考えるというのは本書の範囲を超えるので、ここでは若干の言及に止めたいが、まずアレントのいう「公的領域」をめぐる議論がある。つまりアレントのいう「公的領域」とは単一の領域を指しているのか、それとも遍在する領域を指しているのかという問いをめぐる議論である。アレントにおいては「公的領域」とは政治の領域を意味するが、それが単一かそれとも遍在かというのは、政治とは特定の場で営まれるのかそれとも不特定の場で営まれるのかという問題である。この点はヴィラやベンハビブによって指摘されているところであるが、つまり、政治とは制度化された統治の領域で営まれるのか、それとも人々が集まるところではどこでもありうるのかということである。[2] アレント自身この点を明確にしているわけではないので、議論の余地もでてくることになるが、多少アレントから離れれば、むしろこのような議論自体が政治観の拡大を示しているといえるであろう。政治が営まれる舞台を、制度化された統治の領域から人々の日常の領域へと、拡大的に捉えることによって、国家の独占物であった政治から市民の政治へという、政治の変化を考えることができよう。

このことは、当然、政治の担い手の変化も含意している。端的にいえば、シティズンシップの拡大である。前述のように政治が拡大してきているとすれば、政治の担い手も当然拡大してくるということになろう。政治はますます多様な担い手によって担われることになるが、近年の議論が示しているように、シティズンシップの議論とはまさにこの多様な市民によって担われる政治像の提起を主眼としている。いうなればシティズンシップ論は、多様性と政治的統一性とを統合するような市民のあり方として考えられているのである。それゆえシティズンシップ論は、共同体論的解釈が共同体全体を支える共通善ないしは共通のアイデンティティを強調するのに対して、善ないしは文化の多様性と政治的統一性とを峻別し、後者に政治的アイデンティティを立脚させるという理論的特徴をもっている。(3) アイデンティティの基盤としての政治体と各自の多様性とをともに成立させるものとして、このようなシティズンシップ論は有効な視点であろう。アレントの思想もこのシティズンシップの観点から論じられることが少なくない。(4) もっとも、アレントにおいてはこの統一性の創出の「仕方」という点に関する議論というのはほとんどないといってもよい。この点でアレントの思想がどの程度の射程で現在のシティズンシップ論に寄与しうるかは吟味が必要であろう。

そのことはここでは措くとして、アレントの政治思想の大きな魅力は、具体的な政治の運用の仕方や問題の解決の仕方の提示などではなく、何より、人間が政治に向かうパトスを、それ自体としてすくい上げ、高らかに掲げたことであろう。人間が自由と共同性との緊張を生きざるを得ない以上、アレントのもつ魅力も減じることはないであろう。

注

（1）　このような視点からのアレント論として千葉真『アーレントと現代』岩波書店、一九九六年参照。

（2）　Benhabib, S., *The Reluctant Modernism of Hannah Arendt*, Sage Publications, London, pp. 125-129; Villa, R. D., *Arendt and Heidegger: The Fate of the Political*, op. cit., pp. 205ff.

（3）　Walzer, M., et al., *The Politics of Ethnicity*, op. cit. も Mouffe, C., *The Return of the Political* op. cit.（千葉・土井・田中・山田訳『政治的なるものの再興』前掲）などを参照。さらにいえば、いわゆる共同体論は個人が回帰すべき伝統や全体性を予め前提とするのに対して、アレントはこのような論理を慎重に回避している点にも注意すべきである。

（4）　たとえば次を参照。D' Entreves, M. P., *The Political Philosophy of Hannah Arendt*, Routledge, New York, 1994.

あとがき

浅学の身を顧みず、一書を世に問うという挙に出たことに、内心忸怩たる思いがないわけではないが、これまでの私の研究に一応の区切りをつけ、今後への足がかりにしたいという気持ちであえて蛮勇を奮った。

本書をまとめる際の出発点となったのは、数年前に九州大学に提出した私の学位論文である。本来ならばもっと早くに本書は刊行されるべきであったろうが、どうしてもアレントを「掴まえた」という実感が持てなくて、やり直しを重ねているうちに、時間ばかりが過ぎてしまった。その上、私がぐずぐずしている間に、アメリカや日本などでは異様とも思えるほどの「アレント・ブーム」がやってきて、まさに汗牛充棟のアレント論が積み上げられていった。もう私のやることなど何も残っていないのではないかと思いながらも、何とか自分なりにまとめをつけなければ先へ進めない気持ちがして、本書の刊行に踏み切った次第である。

振り返れば、アレントと出会ってはや十数年の歳月が流れてしまったが、どのようにこの思想家を掴まえたらよいのかという課題に取り組むことが、私の研究生活そのものであった。私のアレントの「掴まえ方」は本書で示したとおりであるが、蛇足ながら一点だけ強調しておけば、ここで私は、アレントにおける「人間」像、とくに「公的人間」あるいは「活動の人」とはどのような人間なのかという問題を解釈の視点とした。このような問題を中心に据えたのは次のような理由からである。アレントをめぐる議論は、個人なるものと共同体なるものとの関係をめぐって錯綜しているが、この背後には、アレントの人間観、すなわち、ある種の関係のなかにある個人は個体主義的であるとともに共同体的でもあるという人間観があるといってよい。アレントの思想はこれまで「アゴーンの政治」と「コンセンサスの政治」との対立という枠組みで論じられることが多かったが、このような論じ方も、右に述べたアレントの人間観に由来しているといってもよいであろう。では、アレントはこの二つの政治をどのように折り合いをつけているのか。むろん、こうした問題の立て方も可能であろう。しかし本書ではこのような問題の立て方はせずに、アレントの人間観を支えている「関係」とはどのような「関係」なのか、たとえば、アレントに関してしばしば言及される『世界』を媒介とした関係」とはどんな関係なのか、という問題を立ててアレントの思想を検討した。この「関係」のあり方をアレントの人間論において考えてみるというのが本書のテーマである。そしてこのテーマの背後には、政治という営みがもっている意味、つまり人はなぜ政治に向かうのかということを二十世紀的条件において考えてみたかったという、私の思いがある。むろん、どこまで成功したかは、はなはだ心許ないが、読者諸賢のご批判をいただければこれにすぐる喜びはない。

本書はこの一年半ほどの間に書かれた四つの論文から成っている。第一章は『法の理論20』（成文堂）に、第二章は『熊大法学』第九七号に、第三章は熊本大学法学部創設20周年記念論文集のために書かれたが、この論文集はまだ刊行されていない。第四章は、その一部を、二〇〇一年二月に慶応大学で催された「第二回　アーレント・シンポジウム」において英文で発表した。もともと一書を構成するつもりで書いたものではあるが、一貫性と統一性とをもたせるために全体的に書き改められている。

さて、このような拙い書物でも、出来上がるまでには多くの方々のお世話になった。先に述べたように、本書は、学位論文が出発点となっている（ほとんど原型を止めていないが）。審査の労をとってくださった、三島淑臣先生（現熊本県立大学）、小山勉先生（現福岡大学）、藪野祐三先生の三人の先生方には厚く御礼申し上げたい。今回の私の原稿に目を通していただき貴重なご意見を頂戴した大河原伸夫先生（九州大学）にも御礼を申し上げたい。また私を大学院に拾っていただいた徳本正彦先生（現九州大学名誉教授）および石川捷治先生をはじめとする九州大学法学部の先生方にも心よりの御礼をお伝えしたい。同時に大学院の先輩や同輩、後輩の皆さんにも御礼を述べたい。

私は学部生のころ偶然にアレントに出会い、彼女の思想を研究することになったのであるが、アレントとの出会いはその後の多くの幸いな出会いをもたらしてくれた。とりわけ寺島俊穂先生、千葉真先生、小野紀明先生、川崎修先生、斉藤純一先生には、その導きがなければ、研究者としての今日の私はないといってよいほどお世話になっている。本書が先生方の学恩を、せめて大きく裏切るものではないことをただ祈るのみである。研究対象は異なるが、関口正司先生にも多くを教えていただいた。また中谷猛先生、半沢孝麿先生、田中治男先生、加藤節先生、亀島庸一先生にも、折りにふれて励ましのお言葉を頂いている。

ところで、七年ほど前、私はアレントの研究途上で熊本大学に職を得た。この間、教養部の解体をはじめ、大学は大きく変わった。通常であれば、研究どころではないようなこうした時期においても、大学のスタッフの先生方には実に良好な研究環境を提供していただいている。御礼を申し上げるべき先生方は多いが、ここでは代表して旧教養部長の北川浩治先生、現学部長の吉田勇先生および本書の生みの親でもある岩岡中正先生のお三人の名前を記して、感謝の気持ちを表したい。

木鐸社の坂口節子氏には、本書の出版を快く引き受けていただいたばかりか、原稿から校正の各段階で、さまざまにご意見やご注意を頂いた。とかく不備の多い私にとっては何より心強い編集者であった。坂口氏の真摯な本づくりの姿勢を垣間見て、私の初めての本が木鐸社から出ることを幸福であると感じている。

最後に私事にわたって恐縮であるが、家族にも一言お礼を記しておきたい。共働きで育児をしながら研究を続けるというのは、予想外に困難な事柄であったが、妻の両親、高橋健三、武子夫妻には私たちがもっとも苦しい時期に、物心両面にわたって惜しみない援助を頂いた。またほとんど女手一つで私を育ててくれた母ハル子もつねに私たちのことを心配してくれた。こうした人たちの協力があってはじめて本書は世に出るのであるが、何と言っても私の最大の支えである二人、医師として、母として日々奮闘しながら私を励ましてくれる妻の薫と「たたかいごっこ」でいつも私を「やっつけている」息子の悠（はるか）に本書を捧げたい。

二〇〇一年八月五日

伊藤　洋典

人名索引

ア行

カ行

サ行

タ行

著者略歴

伊藤洋典（いとう　ひろのり）

1960年　大分県生まれ。

1991年　九州大学大学院法学研究科博士課程単位取得退学

現　在　熊本大学法学部教授，博士（法学）

論　文　「ハンナ・アレントにおける政治的なものの意味―二十世紀における救済としての政治―」日本政治学会編『1995年度年報政治学　現代日本政官関係の形成』所収，など

ハンナ・アレントと国民国家の世紀

2001年9月14日第1版第1刷発行　

著　者　伊　藤　洋　典

発行者　能　島　　豊

発行所　㈲木　鐸　社

〒112-0002　東京都文京区小石川5-11-15-302

Tel. Fax (03) 3814-4195番　振替00100-5-126746

印刷　アテネ社　製本　関山製本社

ISBN4-8332-2312-0　C3010

（乱丁・落丁本はお取替致します）

亡命の哲学者たち

A．シュッツ／A．グールヴィッチ往復書簡

Richard Grathoff Hsg., Alfred Schutz/Aron Gurwitsch

Briefwechsel 1939-1959（1985）

R．グラトホーフ編　佐藤嘉一訳

A5判·550頁·10,000円（1996年）ISBN4-8332-2227-2

アメリカに亡命した二人の現象学・社会学者が，その不遇をかばい合いながら，フッサール現象学の深化に情熱を燃やす。その厳しい学問への批判精神と揺るがぬ相互の信頼関係を示す往復書簡。

公共圏という名の社会空間

花田達朗著

A5判·366頁·3,500円（2000年2刷）ISBN4-8332-2218-3

現代社会の基本的構図を,「システムと生活世界」の配置として捉える著者は，ハーバーマスに依拠しながら，公共圏という分析枠組を明確なものにしてゆく。従来，このハーバーマスの概念は充分には理解されていなかったもので，これによってウェーバーが近代化の社会病理の原因究明に成功しなかった理由を説明するとともに，快方へと向わせる処方箋としての構想を提示する。

保守主義の理路

石川晃司著

A5判·420頁·4,000円（1996年）ISBN4-8332-2231-0

■エドマンド・バークからメルロ＝ポンティまで

西欧思想史において，自由主義と同じ重要性をもつにも拘らず，保守主義の研究は立ち遅れている。本書は，実態としての保守主義の中に，思想の根拠という普遍的な地平を捉え，これまでに存在した保守主義といわれるものを批判的に検討し，その理論的可能性を考察し，ポスト・モダーン後への扉を開く。

詩の政治学■イギリス・ロマン主義政治思想研究

岩岡中正著

A5判·274頁·3,000円（1990年）ISBN4-8332-2194-7

1コールリッジと「理念国家」　2ワーズワースとナショナリズム　3サウジーと産業革命　4シェリーとコールリッジ――歴史意識を巡って　終章〈結論〉詩の政治学

19世紀初頭，イギリス・ロマン派の第一世代の思想家がフランス革命とその時代を批判しつつ，より深く近代主義の欠陥を把握し，ロマン主義政治思想を形成した過程と，第二世代の特徴を考察。